KB066403

부자의 서재에는 반드시
인문학 책이 놓여 있다

왜 부자는 필사적으로 인문학을 배우려 할까?

부자의 서재에는 반드시 인문학 책이 놓여 있다

신진상 지음

센시오

들어가는 글

1부 ‖ 부자들의 서재에는 왜
인문학 서적이 꽂혀 있을까?

2부 | 부자들은 철학에서 투자의 무기를 찾는다

3부 | 부자들은 역사에서 돈에 대한 투쟁을 읽는다

4부 | 부자들은 문학에서
자본주의의 미래를 그린다

부자의
생각과 시선이 태어나는
'부자의 서재'로 가다

세상에 부자가 되고 싶지 않은 사람이 단 한 명이라도 있을까?
그래서 사람들은 재테크 책과 자기계발서를 읽는다. 특히 대한
민국에서 자기계발서가 인기를 끌지 않았던 시절은 단 하루도
없었다. 그럼, 그 책을 읽은 모든 사람이 부자가 되었을까? 그
렇지 않다는 것을 다들 알 것이다.

　왜일까? 부자가 되려는 사람들은 '부자가 어떤 생각을 하
는지'보다는 그 사람이 돈을 번 방법에만 관심을 가지기 때문
이다. 부자들은 잘 안다. 부를 만드는 것은 바로 인간의 생각이

며, 세상에 나와 있는 수많은 투자서들은 그 생각의 결과를 기존의 통계나 틀을 활용해 설명하는 것뿐이라는 것을. 즉, 그들은 인간의 사고를 연구하는 학문인 인문학이 진정한 부의 원천임을 잘 알고 있다.

그래서 부자들은 사람들이 흔히 예상하는 것과 달리, 자녀에게 부자가 되기 위해 필요한 주식 투자 방법, 기업 투자를 위한 재무제표 분석법 등을 먼저 가르치지 않는다. 가장 먼저 가르치는 것이 인문학이며, 그다음 실용 학문을 배우게 한다. 이병철 회장이 손자 두 사람(한 명은 삼성전자 이재용 회장, 또 한 사람은 신세계 정용진 회장)에게 경영학이나 경제학이 아닌 역사학을 권유한 것도 그래서이다. 두 사람은 각각 서울대 동양사학과와 서울대 서양사학과를 전공했다.

부자들은 어떤 책을 읽고 세상 보는 눈을 키우며 미래를 보는 통찰력을 키울까? 그 해답은 '문사철'이라고 불리는 인문학에 있다. 부자들은 투자의 전문가이지만 그들의 서재 중심에는 인문학 책이 놓여 있다. 대한민국을 산업보국으로 이끈 이병철 회장은 생전에 죽을 때까지 자녀에게 꼭 읽어야 할 아홉 권의 책을 발표한 바 있는데 모두 동양고전이었다. 헤지펀드의 제왕 조지 소로스George Soros는 칼 포퍼Karl Poppe의 철학 책을 아직

도 읽는다. 얼마 전 작고한 '가치 투자의 달인' 찰리 멍거^{Charles} ^{Munger}는 90이 넘어서도 칸트의 철학을 읽었다.

신문기자로 일하던 시절, 나는 IT 산업 분야를 취재하며 수많은 부자들을 만났다. 이후 입시 지도를 하며 재테크 책을 쓰는 과정에서도 다양한 업계의 부자들을 만나 그들의 서재를 엿볼 기회를 가졌다. 그리고 그들이 읽는 책, 인문학에 관한 이야기를 나눴다. 이 책은 그 기록과 경험을 전하는 귀중한 암묵지의 보고라 할 수 있다.

이 책은 모두 4부로 구성했다. 1부에서는 부자들은 어떤 사람인지, 무엇에 관심이 있는지에 대한 이야기를 하고자 한다. 부자들은 어디에서 부의 기회를 엿보며, 자녀들에게는 어떻게 부를 되물림하는지, 그 기저에 깔린 인문학적 사고에 대해 설명한다.

2부부터는 철학, 역사, 문학이라는 인문학의 세 가지 큰 영역별로 부자들이 주로 읽고 관심을 보이는 책들을 고전과 신간을 망라해 소개한다. 의외지만, 실제로 수많은 세계적인 부자들은 부를 일구는 방법을 철학에서 찾는다. 그래서 부자들의 인문학 서재의 문을 '철학'으로 여는 것이 좋겠다고 생각했다. 2부에서는 공자, 맹자, 노자 등의 동양 사상가들과 플라톤Platon, 아리스토텔레스Platon, 칸트Immanuel Kanrt, 쇼펜하우어Arthur Schopenhauer, 니체Friedrich Wilhelm Nietzsche, 벤담Jeremy Bentham, 칼 포퍼 같은 서양 철학자들의 책에서 부자들이 공유하는 투자의 영감과 원천을 확인할 수 있을 것이다. 또한 투자의 심리를 무엇보다 잘 보여주는 이론이라는 점에서, 프로이트Sigmund Freud의 이론과 대니얼 카너먼Daniel Kahneman의 행동경제학도 포함했다.

이어 3부인 역사 파트에서는 '돈을 놓고 벌인 투쟁'이라는 관점에서 역사 속의 전쟁과 그동안 세계를 지배해온 패권국가들인 그리스, 로마, 중국, 영국, 미국의 이야기를 다룬다. 또한 '세상을 움직이는 돈의 원리'를 만들어낸 유대인들과 그에 맞선 아랍 문명까지 두루 훑어보고자 한다.

마지막 4부에서는 부자들의 사업 아이디어와 성공의 밑거름에 어떻게 문학이 접목되는가를 들여다본다. 세계를 움직이는 CEO 빌 게이츠Bill Gates, 일론 머스크Elon Musk, 제프 베이조스Jeff Bezos, 마크 저커버그Mark Zuckerberg가 다양한 문학 작품에서 어떻게 사업 아이디어를 얻고 부로 승화시켰는지를 흥미롭게 살펴볼 수 있을 것이다.

부자가 되고 싶다면, 부자의 생각을 엿보는 것이 가장 좋은 방법이다. 그리고 부자의 생각을 가늠할 수 있는 최선의 방법은 그들의 서재를 구경하는 것이다. 그들의 서재에 왜 유독 인문학 책이 많이 놓여 있는지, 그들은 왜 필사적으로 인문학을 배우려 하며 거기에서 무엇을 얻는지, 그들의 세상 보는 눈은 어떻게 만들어지는지를 이 책을 통해 확인해보시길 바란다.

부자가 재산을 자랑하더라도
그 부를 어떻게 쓰는가를 알기 전에는
칭찬하지 마라.

If a man is proud of his wealth,
he should not be praised
until it is known how he employs it.

_ 소크라테스Socrates

LOGICS

ECONOMICS

PSYCHOLGY

ESG

RELIGION

POLITICS

HUMANITIES

NFT

1부

부자들의 서재에는
왜 인문학 서적이
꽂혀 있을까?

한국의 부자들은
무엇으로 돈을 버는가

한국 부자 보고서

부자들의 생각을 알아보기 전에 먼저 한국의 부자를 어떻게 분류할 것인지, 그들은 최근 무엇으로 부를 축적했는지를 알아보는 것이 좋을 듯하다.

〈한국 부자 보고서〉는 KB 금융지주가 매년 말에 발간하는 권위 있는 리서치다. 10억 원 이상의 금융 자산가를 중심으로 매해 한국의 부자들이 어떤 방법으로 돈을 벌고 있는지 귀중한 정보와 통찰력을 제공한다.

보고서는 금융자산(즉 예금이나 주식) 10억 원을 기준으로 부자를 선정하는데 이 숫자가 대한민국에 45만 명 정도 되니까, 대한민국 상위 1퍼센트는 매달 쓰는 생활비 말고 10억 정도를 언제든 현금화할 수 있는 사람이라고 생각하면 될 듯하다. 부동산까지 포함하면 100억 정도의 자산을 형성한 경우를 부자라고 말한다. 강남 3구(여기에 용산구 포함)의 거주용 부동산 가격이 너무 높은 탓에 한국은 소득으로 인한 자산 격차, 즉 지니계수보다 부동산 자산으로 인한 빈부 격차가 훨씬 극심하게 드러나고 있다. 가진 자와 못 가진 자가 격렬히 충돌하는 곳이 바로 이 지점이라고 할 수 있다.

KB 금융지주에 따르면 72퍼센트의 부자가 수도권에 살고 이 중 45퍼센트가 강남 3구에 거주한다고 한다. 수도권을 빼면 대한민국에 뭐가 남을까 싶은 생각이 들 정도다. 이런 부의 격차는 교육과 대입에도 직접적인 영향을 끼쳐서 수많은 학생들이 '인서울'을 목표로 하며, 지방의 의대생들조차 인서울 의대로 진입하기기 위해 반수, 재수를 시도하는 실정이다.

대한민국 부자 45만 6,000명을 상위 5개 지역을 중심으로 분석해보면 서울 거주자가 20만 명, 경기 지역 10만 명, 부산

2만 8,000명, 대구 1만 9,000명, 인천 1만 4,000명의 순으로 나타난다. 상위 5개 지역으로 쏠림 현상이 심하며, 특히 수도권 이외에는 부산과 대구만이 겨우 이름을 올린 정도로 해석할 수 있다. 부산도 물론 수십억 대 아파트가 존재하지만 인구 대비로 치면 서울의 부자들이 네 배 정도는 더 많은 것으로 보인다. 영남의 부자들이 서울 강남으로 올라오면서 지금의 강남이 만들어졌다고 본다면, 한국에서 부자가 만들어진 과정은 다소 편협했다고 자평할 수 있을 듯하다.

현재는 부자들 중에서도 양극화가 진행되는 중이다. 한국은 부자의 상위 1퍼센트가 부의 41.1퍼센트를 소유한 나라다. 초고자산가는 300억 이상의 재산을 보유한 사람들이며 우리나라에서 9,000명 정도 된다. 이들만 따지면 지역별로 편중된 비율은 더 높아질 것이라고 생각한다.

다양한 길로 나뉘고 있는 한국의 부자들

최근 몇 년간 주식이나 비트코인으로 큰돈을 번 사람들이 생겨났지만, 역시 한국의 부는 부동산을 중심으로 한다. 2023년 〈한국 부자 보고서〉에 따르면, 한국의 부자들이 가진 부동산 자산은 2,543조 원으로 전년보다 7.7퍼센트 늘었다. 뉴스와 유튜브에서는 2023년 내내 부동산 가격이 하락한 것처럼 말하지만 부자들이 가진 부동산은 가격이 올랐다는 이야기다. 한국의 부자들이 보유한 자산 가운데 57퍼센트가 부동산, 37퍼센트가 금융자산이었다. 나머지는 비트코인이나 보석 투자 같은 것이 차지할 것이고, 그럼에도 적극적으로 투자하는 것으로 나타났다. 2022년보다 2023년 특히 늘어난 자산이 금과 보석으로, 부동산과 금융자산을 제외한 기타 자산 중 차지하는 비중이 26.8퍼센트에서 32퍼센트로 늘었다.

한국에서 조만간 부상할 것으로 보이는 아트 펀드와 관련하여, 현재 부자들 중 30.6퍼센트가 그림에 투자하고 있으며 그 비율은 전년 대비 5.2퍼센트 상승한 수치로 나타났다. 2022년에는 그림에 투자한 금액이 '1,000만~3,000만 원 미만'이 27.3퍼센트로 가장 많은 선택을 받았으나 2023년에는 '6,000만 원~1억 원 미만'이 24.2퍼센트로 가장 높은 비중을 기록했다. 그림 투자층이 늘어나면서 그림 값도 같이 올라가고 있다고 볼 수 있다. 아트 딜러들의 말에 따르면, 특히 20대 여성 중에 그림 트레이딩으로 한 달에 수천만 원을 버는 경우도 늘고 있다고 한다.

부자들은 부의 황금비율을 '금융 4 : 부동산 5 : 기타 1'로

꼽았다. 아마도 앞으로는 부동산의 비율이 조금씩 줄어들고 그
자리를 금이나 비트코인 등이 더 차지하지 않을까 전망한다.
지금껏 부동산이 곧 부를 이루었던 것에서, 이제 그 길은 좀 더
다양한 방향으로 전개되는 중이다.

'세이노의 가르침'은 왜 23년도 최고의 책이 되었을까?

2023년도 최고의 베스트셀러는 바로 이 책《세이노의 가르침》이었다. 1,000억 원대 자산가가 된 어느 70대 장년의 인생 가르침을 담은 책으로, 재테크 책처럼 보이기도 하지만 전형적인 자기계발서다. 투자든 인생이든 지혜가 필요함을 말하는 이 책에서 저자는 인생을 성공적으로 살아온 자신의 이야기를 어떤 소명감으로 풀어내고 있다. '세이노의 가르침' 하나하나는 삶의 자세를 말하고 있지만 한편으로는 부자가 되기 위해 꼭 필요한 방법론들이기도 하다.

1. 돈을 버는 기술 그 이상의 가르침: 《세이노의 가르침》은 단순히 돈을 버는 기술을 알려주는 책이 아니다. 삶의 태도, 가치관, 인간관계 등 인생의 다양한 측면에 대한 통찰력을 제공한다. 이는 단순히 경제적 성공을 넘어, 의미 있고 풍요로운 삶을 살기 위한 지침을 제시한다.

2. 인간에 대한 깊은 이해: 이 책은 인간의 본성, 심리, 행동에 대한 깊은 이해를 바탕으로 한다. 인간에 대한 이해 없이는 돈을 버는 기술도 효과적으로 활용할 수 없으며, 진정한 성공을 이룰 수 없다.

3. 사회와의 관계: 개인의 성공뿐만 아니라 사회와의 관계에 대한 중요성을 강조한다. 돈을 버는 과정에서 윤리와 책임을 잊지 말고, 사회에 기여하는 삶을 살아야 한다는 메시지를 담고 있다.

4. 인문학적 가치: 《세이노의 가르침》은 인문학적 가치를 중요시한다. 돈보다 더 중요한 가치는 무엇인지, 인간으로서 어떻게 살아야 하는지를 질문하며, 독자들에게 스스로의 삶을 돌아보는 기회를 제공한다.

5. 다양한 분야의 지식: 세이노의 가르침은 경제, 철학, 역사, 종교 등 다양한 분야의 지식을 담고 있다. 세상을 보는 시야를 넓히고, 사고방식을 한층 폭넓게 발전시키는 데 도움이 된다.

결론적으로, 세이노의 가르침은 독자들에게 단순히 경제적 성공을 넘어, 의미 있고 풍요로운 삶을 살기 위한 지침을 제시한다는 점에서 한 권의 인문학 책으로 평가할 수 있다. 삶의 태도, 가치관, 인간관계 등 인생의 다양한 측면에 대한 통찰력을 제공하며, 인문학적 가치를 중요시한다.

코로나 이후 시대정신은 '부'라는 독자적인 키워드에서부터 부와 인문학의 결합으로 분명 이동하고 있다. 부자를 부자로 만드는 길은 '부자학'만으로 이루어지지 않으며 부와 인문학의 협업으로 가능하다는 것을 세이노는 잘 보여주고 있다.

부자의
문해력

워런 버핏의 독서 습관

한국뿐 아니라, 세계적인 슈퍼리치들의 특징을 하나만 꼽자면 바로 '학습 기계'라는 점일 것이다. 바꿔 말하면, 이들은 문해력이 상당히 뛰어난 사람들이다. 94세의 나이로 지금도 버크셔 해서웨이를 이끌고 투자 결정을 하며 재산을 160조 원까지 불린 워런 버핏Warren Buffett은 현재 하루에 읽는 보고서가 500페이지에 달한다고 한다. 두꺼운 분량의 책 한 권을 하루 만에

부자의 서재에는 반드시 인문학 책이 놓여 있다

독파하는 수준이다. 또한 버핏의 투자 참모로 알려진 토드 콤 즈Todd Combs는 하루에 무려 1,000페이지의 보고서를 읽는다.

워런 버핏은 어릴 때부터 탐독적인 독서가였으며, 매일 5종 이상의 신문을 읽는 것으로 유명하다. 그는 경제학뿐 아니라 다양한 분야의 책을 읽으며 지식을 쌓고 사고력을 키워나간다. 경제, 철학, 역사, 과학 등 다양한 분야의 책을 섭렵하며, 좁은 분야에 국한되지 않고 끊임없이 새로운 지식을 탐구한다. 워런 버핏은 책을 단순히 읽는 것이 아니라, 비판적으로 읽는다. 책의 내용을 분석하고 자신의 생각과 비교하며 새로운 통찰력을 얻는다.

그의 투자 철학은 인내심과 끈기라는 키워드가 없으면 성립이 되지 않는다. 심지어 그는 "좋은 주식이라면 보유 기간이 영원일 수도 있다"고 말한 바 있다. 그는 독서에서도 장기적인 독서를 강조한다. 따라서 단기간에 많은 책을 읽는 것보다, 한 권의 책을 깊이 읽는 것을 중요시한다. 버핏은 책의 내용을 반복적으로 읽고 숙고하며 자신의 지식 체계에 내재화한다. 즉 열 권의 평범한 책을 건성으로 읽기보다 한 권의 좋은 책을 반복해서 읽는 게 도움이 된다는 사실을 버핏은 말하고 있다.

버핏의 독서 습관에서 또 한 가지 특징은 행동으로 연결하는 능력이다. 그는 책에서 얻은 지식을 실제 행동으로 연결한다. 책에서 얻은 아이디어를 자신의 투자와 경영에 적용하며, 성공적인 결과를 얻어낸다.

버핏이 독서에 관해 남긴 명언은 수없이 많지만, 부자가 되기를 꿈꾸는 이들이라면 그중에서도 두 문장만큼은 꼭 기억해 놓고 되새겨야 한다고 생각한다. 실제로 내가 만났던 수많은 부자들도 이 두 가지 철학을 공유하고 있었다.

"최고의 투자는 자신이다. 독서로 자신의 지식과 능력을 향상시키는 것이 가장 중요한 투자이다."

"좋은 책은 훌륭한 선생님과 같다. 좋은 책을 통해 다양한 경험과 지식을 배우고 사고방식을 발전시킬 수 있다."

유튜브와 넷플릭스 시대에 그는 동영상을 감상하는 데 하루 단 1분도 쓰지 않는다. 여전히 읽고 또 읽는다. 워런 버핏의 뛰어난 독해력은 그의 투자 철학과 경영 전략을 수립하는 데 중요한 역할을 한다. 그는 다양한 분야의 지식을 습득하고, 이를 바탕으로 창의적이고 효과적인 문제 해결 능력을 키워낸다. 버핏은 결정적 순간의 고비마다 자신의 투자 뒤에는 독서가 있음을 공개석상에서 밝히곤 했다. 애플에 투자하기 전까지 기술주에 대해서 부정적이던 그는, 애플의 CEO 팀 쿡Tim Cook

부자의 서재에는 반드시 인문학 책이 놓여 있다

의 연설을 담은 책을 보고서 이렇게 생각했다고 한다.

'아, 이제야 애플이 기술 기업에서 서비스 기업으로 변하고 있구나. 서비스 기업이라면 나도 좀 알지. 나는 내가 아는 기업에만 투자해. 이제 나는 애플의 비즈니스 모델을 이해했어.'

부를 되물림하는 부자의 습관

한국의 버핏이라고 불리는 미래에셋 창업자 박현주 전 회장도 엄청난 문해력을 자랑한다. 그는 이미 2013년 개인 재산 1조 클럽에 가입한, 국내 증권사 중 최고의 성공 모델이다. 증권사 영업맨으로 시작해 미래에셋을 창업한 뒤, 당시 1위 증권사였던 대우증권을 인수하여 '증권맨의 전설'로 남은 박현주 회장. 그는 하루에 마래에셋의 애널리스트들이 쓰는 수십 개의 보고서를 전부 읽는 것으로 유명하다. 일본어에도 능통한 그는, 일본 경제 신문과 노무라 증권 등 일본 증권사들이 내놓는 보고서들도 일일이 읽는다고 한다.

최근에는 중국어도 배워 중국의 2차전지, 전기차 등에 관한 중국 내에서 발간한 보고서들도 파악하는 것으로 알려져 있다. '타이거 ETF' 같은 미래에셋 펀드가 국내에서 최초로 중국 2차전지 및 BYD(비야디) 등 전기차의 성장 가능성을 열고 발 빠르게 시장에 진입할 수 있었던 것은, 중국 관련 보고서들을 바로바로 읽고 시장 변화를 감지한 박현주 회장의 문해력 덕분이라고 해도 좋을 것이다.

그렇다면 부자들의 문해력이 뛰어난 이유는 무엇일까? 물론 여러 가지 요인이 복합적으로 작용하겠지만, 부를 되물림하는 부자들의 몇 가지 주요 요인을 살펴보면 다음과 같이 정리할 수 있다.

1. 양질의 독서 습관: 아이들에게 어릴 때부터 독서를 격려한다. 다양한 책을 읽고, 독서 토론에 참여하며, 독서 경험을 공유하는 경험을 꾸준히 이어간다. 이러한 양질의 독서 교육은 어휘력, 문장력, 상상력, 논리적 사고력, 비판적 사고력 등 문해력에 필수적인 요소들을 발전시키는 데 도움이 된다. 즉 부자들은 어린 시절부터 책과 친했고 동영상이 넘쳐나는 시대에도 그 습관을 이어간다고 할 수 있다.

2. 언어적 자극: 자녀에게 다양한 언어적 자극을 제공한다. 여행, 외국어 학습, 문화 활동, 강좌와 멘토링 체험 등을 통한 다양한 자극은 아이들의 언어 능력 발달에 도움이 되고, 특히 어휘

력과 문장력 향상에 긍정적인 영향을 미친다. 조기 영어 교육에 이은 조기 중국어 교육은 특히 좌뇌 발달에 도움이 된다.

3. 의사소통 능력: 명확하고 논리적으로 자신의 생각을 전달하고, 다른 사람의 말을 이해하고, 상황에 맞는 적절한 언어를 사용하는 의사소통 능력을 일찍부터 꾸준히 키우도록 한다. 이러한 효과적인 의사소통 능력은 문해력의 중요한 요소이며, 사회적 성공에도 필수적이다.

4. 사회적 네트워크: 교육 수준이 높고 성공적인 사람들과 교류할 수 있는 기회를 자연스럽게 제공한다. 이러한 사회적 네트워크를 통해 아이들은 새로운 지식을 배우고, 다양한 관점을 접하고, 사신의 능력을 발선시킬 수 있는 기회를 얻는다. 정기적인 독서 모임이나 저자들을 초청한 오찬 모임도 적극 활용한다.

수많은 성공한 이들과 부자들은 항상 책을 근처에 두고 시간 날 때마다 책을 펴면서 생각과 통찰력을 키우고자 한다. 유튜브는 더 뜨거운 매체에 의해 언제든 대체될 수 있지만, 책으로 얻는 세상을 보는 안목과 인간에 대한 이해는 절대 대체되지 않는 나만의 무기가 되어주기 때문이다.

AI와 인간의 차이,
인문학에서 찾다

"AI가 절대 이해할 수 없는 인간성은 무엇인가?"

부자들은 이 주제에 누구보다도 관심이 많은 사람들이다. 그들은 미래에 관심이 많다. 역사 책을 좋아하는 이유도 미래를 예측하기 위해 과거의 데이터에서 패턴을 찾으려 노력하기 때문이다. 미래의 부는 AI에서 나올 것이라는 전망이 우세한 가운데 'AI가 도저히 따라하지 못할 인간성은 무엇인가'에 부자들은 관심을 기울인다. 이는 곧 인문학의 힘이라 할 수 있다.

SF 작가 켄 리우Ken Liu의 최신 단편을 보면 이에 대한 힌트를 엿볼 수 있다. 허블 출판사에서 펴낸《에스에프널 SFnal 2022》의 첫 번째 수록작 〈인간과 협업하는 모든 AI가 명심해야 할 50가지 사항〉은 인공지능 상식이 어느 정도 필요한 소설이다. 이 소설을 쓴 중국계 미국인 켄 리우는 하버드대학 출신으로 학부는 영문학과 컴퓨터공학 복수전공을 했고, 이후 같은 학교 로스쿨을 나와 변호사 경력을 쌓다가 마이크로소프트MS 등에서 엔지니어로도 일했다. 그야말로 문·이과 통합형 인간인 그가 이번 작품에서 AI와 공동으로 작업했다는 점은 상당히 의미가 크다는 생각이 든다.

이번 작품에는 'AI가 도저히 범접할 수 없는 인간성이란 것이 무엇인가'에 대한 작가의 고민이 잘 담겨 있다. 그는 어떤 것들을 인간 고유성으로 보았을까? 아래에 몇 가지를 소개해본다.

1. 사랑을 듬뿍 받는 아이가 화내는 이유: 인공지능의 시각으로 생각하면 아마도 좀처럼 이해하기 어려운 문제가 아닐까? 나를 사랑해주는 대상에게 왜 때때로 화를 내는 걸까? 인간 감정의 오묘함을 인공지능은 쉽게 이해하지 못할 것이다. 그래서 인간의 이성만을 담아낸 과학과 달리, 인간의 감정과 이성이 함께

담긴 인문학을 AI는 온전히 이해할 수 없을 것이다.

2. 나를 능가하는 내 아이를 보는 기분: 인공지능은 물을 것이다. 부모가 똑똑한 자녀를 보면 순수하게 행복해야 하는 것 아닐까? 그런데 인간이 꼭 그런 것만은 아니다. 때로는 질투를 느낄 수도 있다. 자녀를 위해 목숨까지 버릴 수 있는 부모가 자식에게 느끼는 질투라니, 아마 AI는 결코 이해하지 못할 것이다.

3. 애정과 호감의 차이: AI가 과연 이 두 단어의 뉘앙스 차이를 이해할 수 있을까? 애정과 호감은 어떻게 다르고 어떻게 비슷할까? 인간조차도 심정적으로는 이해하지만, 그 미묘하고 모호한 경계를 말로 표현하기는 어려울 것이다. 이는 인간만이 느낄 수 있는 감정의 축복일 것이다.

4. 애정과 증오의 유사성: 이 두 가지 상반된 감정이 얼마나 유사한지는 인간이 되어보지 않고서는 모를 것이다. 두 감정은 동전의 양면과도 같다. 서로 사랑했다가 끝을 본 뒤 헤어지는 부부들을 떠올려보자. 애증은 순수한 증오보다, 그리고 무조건적인 사랑보다 더 강한 감정이다. 끝내 이별에 다다른 연인이나 부부의 그 감정의 깊이를 AI가 이해할 수 있을까?

5. 침묵: 침묵도 언어다. 분명 모든 침묵에는 의미가 있다. 인간은 침묵을 통해서 적극적으로 소통한다. 그런데 AI는 침묵을 이용해 진정한 의미의 의사소통을 할 수 있을까? 아마도 불가능할 것이다.

6. 은유의 모순성: 은유가 내포하는 모순성을 AI가 온전히 이해하는 날이 온다면, 아마도 그때는 더 이상 인간에게 종속된 존재가 아닐 것이다.

7. 오만도 연민도 없이 인간을 상대하기: 오만과 연민은 인간이 다른 인간에게, 때로는 자기 자신에게 느끼는 미묘한 감정이다. 그런데 AI가 인간을 대할 때도 오만과 연민을 느낄 수 있을까?

켄 리우는 서구적 합리론과 동양적 세계관을 모두 겸비한 작가이기에, 이렇게 섬세하게 인공지능과 인간성의 근본적인 차이를 집어낼 수 있었으리라고 생각한다. 그가 제시하는 '인간성'에 어떤 고유의 힘과 가능성이 담겨 있는지, 한번쯤 고민할 필요가 있을 듯하다.

부자 중에 인문학 전공자가
많은 이유

우리나라에서 특히 인기 있는 전설적인 투자자 짐 로저스^{Jim}
^{Rogers}는 예일대에서 역사학을 전공한 인문학도이다. 공매도와
파생상품 등에 투자하는 '수의 천재'로 꼽히는 인물이니만큼
공대나 수학과를 나왔을 것 같은데, 인문학도라는 점은 언뜻
의외로 느껴지기도 한다.

짐 로저스 하면, 남들과 정반대로 가는 투자 전략으로 유명
하다. 조지 소로스와 퀀텀 펀드를 설립했던 시절, 월가의 예상
과는 정반대로 파산 직전의 록히드에 투자했던 사례가 대표적

이다. 그는 10년간 무려 4,200퍼센트가 넘는 수익률을 올리기도 했다. 진정한 역발상 투자가 무엇인지를 몸소 보여준, 그의 투자 철학 10계명은 아래와 같다.

1. 강세장의 마지막 국면은 늘 신경질적 발작과 함께 끝난다. 약세장의 마지막도 언제나 패닉과 함께 대단원의 막을 내린다.
2. 한 방향으로 쏠려 있는 무리로부터 벗어나 있을 때 큰돈을 벌수 있다.
3. 성공적인 투자자는 가치 있는 자산을 싸게 살 수 있는 기회를 잡아서 장기 보유한다.
4. 주식시장이 가라앉으면 상품 시장은 비상한다.
5. 주가는 최악의 경우 0이 될 수 있지만 상품은 어떤 식으로든 누군가에게 가치를 줄 수 있는 실제 물건이다.
6. 상품 시장이 요동치고 가격이 춤추는 것은 수요와 공급의 힘이 작용하기 때문이다.
7. 상품 자체가 변동하는 것을 하루 종일 주시하는 것은 육체적으로나 금전적으로나 모두 좋지 않다.
8. 전쟁과 정치적 혼란은 상품 가격을 더욱 끌어올린다.
9. 믿기지 않을 정도로 비싸지 않다면, 절대로 숏(선물매도. 포지션을 취하지 말라.

10. 한 나라의 경제 상태가 어떤가 하는 점은 상품 가격을 결정 짓는 요소가 아니다.

짐 로저스처럼 역발상 투자로 성공한 펀드매니저이자, 월 가에서 '영혼의 투자자'로 이름을 떨친 이가 바로 존 템플턴 **John Templeton**이다. 그의 투자 철학은 비관론이 극에 달했을 때 투자해야 한다는 것이다. 존 템플턴이 투자자들에게 보내는 조 언은 다음과 같다. 짐 로저스의 원칙과 비교해서 본다면 더 좋 을 것이다.

1. 더 좋은 주식이 나타나면 교체하라 : 여러 종목을 동시에 관 찰하는 비교 매매 방법을 써라.
2. 공공성이 강한 주식을 조심하라 : 은행, 광산 등 정부 개입 산 업을 피하라.
3. 주가 공식만 믿어서는 안 된다 : 지표 분석 때문에 더 혼란스 러워지는 경우도 있다.
4. 주가의 바닥과 천장을 아는 능력은 누구에게도 없다 : 정점과 바닥을 누구도 분별하지 못한다는 겸손함이 필요하다.
5. 전 세계를 대상으로 싼 주식을 찾아라 : 1960년대에 일본에 눈을 돌려 '가장 싼 주식'을 찾았던 것처럼, 전 세계로 시선을 돌

리라.

6. 인플레이션을 극복할 수 있는 기업을 사라: 광고대행사들은 계약 조건에 인플레이션 조항을 포함하여 비용 상승에 대한 보호 장치를 마련한다. 이들처럼, 인플레이션으로 인한 가격 상승률보다 더 높은 수익률을 달성하는 기업을 선택하라.

7. 투자자의 경험이 중요하다: 은밀히 들려오는 조언에 끌려다니지 않는 지혜가 필요하다.

존 템플턴은 옥스퍼드대학에서 경제학을 공부한 경제학도지만 그 역시 인문학에 큰 관심을 가졌다. 그가 제정한 템플턴상은, 경제학이나 과학 기술이 아닌 종교 분야에서 인간의 영혼을 고양시킨 인물에게 주어진다. 부자들의 서재에 인문학 책이 꽂혀 있는 것은, 그들이 무엇보다도 인간의 본질과 내면의 가치를 토대로 판단하고 움직이기 때문일 것이다.

NFT를 보며
백남준의 혁신을 떠올리다

디지털 자산으로 향하는 부의 흐름

NFT^{Non-Fungible Token}(교환과 복제가 불가능하여 저마다 고유성과 희소성을 지니는 블록체인 기반의 토큰)의 기술적 성장과 더불어 다시 주목받고 있는 분야가 바로 미디어 아트이다. 미디어 아트는 고전적인 미술 도구, 즉 붓, 캔버스, 브론즈, 나무 등의 소재 대신 TV, 라디오 등 현대 미디어 등의 매체로 외연을 확장하는 새로운 미술 경향을 말한다.

부의 흐름이 전통적인 땅에서 비트코인이나 이더리움 등의 디지털 자산으로 변하고 있음을 시사할 때 가장 먼저 거론되는 분야이자, 빅뱅과도 같은 역할을 하는 것이 미디어 아트이다. 미디어 아트의 선구자는 우리가 잘 아는 백남준이다. 백남준이 1960년대 선보인 TV를 이용한 장치 미술은, 미디어 이론가 마셜 매클루언Herbert Marshall McLuhan이 남긴 "미디어는 메시지다"라는 유명한 말을 예술에 적용한 첫 번째 케이스로 인정받는다. 그의 작품은 비디오 아트와 텔레커뮤니케이션이 결합한 형태다. 1974년에 만들어진 〈TV부처〉는 부처가 텔레비전 모니터를 통해 자기 자신을 바라보고 있는 모습을 보여준다. 백남준은 TV 수상기 앞에 앉은 수많은 사람들을 대상으로, 예술과 방송이 한자리에서 만나 무엇을 할 수 있을지 고민했다.

1984년 1월 1일, 백남준을 비롯한 미디어 아티스트들은 조지 오웰George Orwell이 예상했던 인류의 디스토피아가 도래하지 않았다는 의미에서 세계 최초의 인공위성 텔레비전 쇼 〈굿모닝 미스터 오웰〉을 전 세계에 생중계했다. 예술이 마치 스포츠 중계처럼 사람들을 현장감 속으로 몰아넣고 흥분시킬 수 있는 도구가 된다는 사실을 그는 세계에 보여주었다. 1984년 당시는 우리나라의 국력이 지금과는 비교가 안 될 정도로 미미했기에, 백남준이라는 세계적인 예술가의 위상은 한국인들에게 강한 자부심을 느끼게 해주었다.

백남준의 예술은 동서양을 가로지르고 과거와 현재를 넘나든다. 그는 여러 사람이 동일한 프로그램을 시청하는 집합적인 경험에서, 서로 다른 문화를 이해하고 춤과 음악으로 하나가 되는 소통의 길을 찾기 위해 TV를 다른 관점에서 해석한 것이라는 평가를 받았다. '바보 상자'라는 조롱 섞인 별명이 따라붙던 TV가 지혜의 도구이자 소통의 매체가 될 수 있음을 백남준 작가는 보여주었다.

백남준은 생전에 "텔레비전은 '점 대 공간의 소통'이며 비디오는 공간 대 공간, 영역 대 영역의 소통을 가능하게 한다"고 말했다. 그의 통찰력의 정점은 유튜브의 등장을 1960년대에 이미 예언했다는 사실이다. 그는 개인들이 자신만의 방송을 제작하고 송출함으로써 크고 작은 TV 스테이션들이 생겨나 독점적인 방송국 시스템에서 벗어나는 미래를 내다봤다.

백남준의 작품이 NFT화되는 시대

백남준의 작품도 NFT화되는 시기가 도래했다. 2021년 여름

글로벌 경매사 크리스티는 온라인 경매에 백남준의 영상 작품 〈글로벌 그루브Global Groove〉를 선보였다. 당시 추정가는 10만~20만 달러(한화 약 1억 2,000만~2억 4,000만 원) 사이였다. 아쉽게도 낙찰은 되지 않았지만 의미는 적지 않았다. 〈글로벌 그루브〉는 지난 1974년 미국 방송국 WNET을 통해 처음 방영된 백남준의 대표작 중 하나로 영국 테이트모던 현대미술관, 미 샌프란시스코 현대미술관 등 전 세계 유명 미술관에 전시된 바 있다. 경매에 올라온 NFT는 〈글로벌 그루브〉의 오프닝 38초가 반복되는 비디오 작품이었다.

장치예술은 온라인, 즉 디지털 파일로 소장하기 어렵다는 한계가 분명하다. 아마도 그 한계 때문에 유찰된 것이 아닌가 싶다. 앞으로도 NFT는 새로운 시도를 거듭하면서 공연이나 장치예술 등 소장하기 어려운 예술까지도 누군가에게 소유권을 파는 방향으로 분명 진화할 것이다. 백남준과 NFT는 비슷한 철학을 공유한다. 바로 "무엇이든 예술이 될 수 있으며 어느 누구든 예술가가 될 수 있다"는 것이다.

1부. 부자들의 서재에는 왜 인문학 서적이 꽂혀 있을까?

부자들이 자녀 교육에서
절대 하지 않는 말들

부자들이 절대 하지 않는 최악의 부모의 말

국내에서 30만 부가 팔린 베스트셀러《부의 인문학》의 저자 브라운스톤은, 주식과 부동산으로 충분한 돈을 벌고 60이 넘은 지금은 칸트 철학에 흠뻑 빠져 있는 재테크 작가이다.《부의 인문학》은 니체, 쇼펜하우어, 데이비드 흄David Hume부터 칸트, 그리고 동양의 한비자까지 돈과 철학을 자유자재로 연결시킨 책이다. 저자는 경제적 자유를 이룬 동시에 자녀를 의사 등의 전문직으로 키웠으니 교육의 측면에서도 성공한 셈이다. 이번에 나온 새 책 《인생투자》는 자녀 교육과 관련된 내용이 특히 많이 담겨 있다. 그가 던지는 메시지를 한마디로 표현하자면 '자녀는 부모의 믿음만큼 큰다'는 것이다. 그가 뽑는 최악의 부모의 말은 바로 이것이다.

"힘든 건 엄마 아빠가 다 해줄게. 너는 고민할 시간도 아까우니까, 그냥 공부만 해."

그는 자녀에게 뭔가를 거의 요구하지 않지만 딱 하나 있다면 바로 '역지사지'라고 한다. "너 왜 그랬니?"라고 묻기보다 학교 친구나 다른 사람은 왜 그런 말을 했을까, 왜 그런 행동을 했을까를 물어보는 것이 역지사지의 습관을 키우는 데 도움이 된다고 그는 조언한다.

부모들이 학교를 다녀서라도 반드시 배웠으면 하는 또 한 가지는 바로 '인내'라고 그는 강조한다. 공부도 마라톤, 재테크도 마라톤, 그리고 인생도 마라톤이기 때문이다. 투자나 자녀 교육에서 승리하는 방법은 인내심뿐이라는 말은 명백한 진리이다.

부자들의 자녀교육 10계명

부자들은 자녀 교육을 통해 자립정신과 역지사지의 태도, 그리고 인내심을 물려주고 싶어한다는 사실을 새겨둔다면 좋겠다. 어찌 보면 빤한 말들이지만, 부자들이 자녀 교육을 하면서 꼭 해주는 이야기들을 아래에 소개한다.

1. "너는 할 수 있어": 자녀의 능력을 믿고 격려하는 것은 부모의 역할이다. 어려움에 직면했을 때 포기하지 않고 도전하도록 격려하고, 자신감을 가지고 목표를 향해 나아갈 수 있도록 도와줄 줄 아는 사람들이 부자이다.

2. "실패는 성공의 어머니다": 부자들은 실패를 두려워하지 않도록 가르친다. 실패는 누구나 경험하는 것이며, 오히려 배우고 성장할 수 있는 기회라고 생각하도록 격려한다.

3. "재능보다 노력이 더 중요해": 부자들은 재능보다 노력이 더 중요하다는 것을 누구보다 잘 아는 이들이다. 목표를 달성하기 위해서는 꾸준히 노력하고 끈기 있게 임해야 한다는 것을 가르쳐주고자 한다.

4. "돈보다 소중한 것은 많다": 물질적인 것보다 가치관, 인간관계, 경험 등이 더 중요하다는 것을 알려주는 게 진짜 부자이다. 돈으로 살 수 없는 것을 소중히 여기는 사람이, 돈을 벌어 더 소중한 것을 위해 쓸 수 있다.

5. "꿈을 가지고 살자": "난 꿈이 없어"라는 말을 부자들은 가장 경계한다. 목표의식이 부를 이루는 데 얼마나 중요한지 잘 알기 때문이다. 그래서 자녀가 큰 꿈을 향해 열정을 가지고 노력한다면 무엇이든 이룰 수 있다는 것을 믿도록 격려한다.

6. "도움을 요청하는 것을 두려워하지 마라": 혼자 모든 것을 해결하려고 하는 것은 현명하지 못하다. 부자들은 주변의 사람들에게 제대로 일을 시키는 사람들이다. 그런 능력은 어려움에 직면했을 때 주변 사람들에게 도움을 요청하는 것을 두려워하지 않도록 해야 형성될 수 있다.

7. "감사하는 마음을 가지라": 자신이 가진 모든 것에 감사하는 마음을 가지는 것은 기본적이지만 너무나 중요한 일이다. 주변 사람들에게 항상 감사하는 마음으로 행동하도록 조언해야 한다.

8. "자신을 믿어": 자신을 믿고 스스로를 존중하는 것이 중요하다. 자신감을 가지고 자신의 능력을 발휘할 수 있도록 이끄는 사람이 부자 아빠, 부자 엄마이다.

9. "지금 이 순간을 즐겨": 부자들은 미래만을 생각하며 현재를 희생하지 않도록 가르친다. 장밋빛 미래란 현재 이 순간을 최대한 즐기고 의미 있게 살아갈 수 있어야 가능하다는 사실을 잘 안다.

10. "세상에 기여하는 사람이 되어라": 단순히 자신만을 위해 사는 것이 아니라, 세상에 긍정적인 영향을 미치는 사람이 되도록 가르친다. 사회에 기여하고 다른 사람들을 도울 수 있는 사람이 되는 데 부가 필요하니, 부를 갖도록 노력하라고 자녀에게 말해주어야 한다. 부자의 말에는 순서가 있다.

부자들은 서재에서
'자신감'이라는 세 글자를 발견한다

"자신에게 의지하는 사람은 거침없이 나가라. 자신의 꿈을 믿는다면 주변에서 무슨 소리를 하든지 개의치 말고 용맹정진하라. 자신을 의지하는 사람은 처신에 필요한 모든 것을 손아귀에 장악하고 있다. 자기 자신을 친구로 삼을 때 중요한 문제건 아니건 스스로 해결할 수 있다. 자신의 지력과 판단력에 따라 위험한 길을 우회할 수 있는 좋은 방법을 알고 있는 이들은 누구의 도움도 받을 필요가 없다."

위는 17세기 스페인의 철학자이자 작가인 발티사르 그라시안^{Baltasar Gracián}의 글이다. 그라시안은 쇼펜하우어와 니체에게 영향을 끼친 철학자로 '인생의 지혜'에 관한 수많은 어록을 남겼으며, 400년이 지난 지금까지도 그의 글은 다양하게 인용되고 있다.

인생에서 위기의 순간은 언제든 찾아올 수 있다. 가장 위험한 것은 위기 그 자체가 아니라, 그 앞에서 스스로에 대한 믿음을 잃고 자신감을 상실하는 것이라고 그라시안은 말한다. '부와 성공의 원칙'과도 상통하는 그라시안의 인생 지혜를 아래에 소개한다.

1. 자신감과 독립성: 성공은 스스로 쟁취하는 것이다. 타인의 의견이나 도움에 의존하지 않고, 스스로 목표를 설정하고 달성하기 위한 노력을 기울여야 한다. "자신에게 의지하는 사람은 거침없이 나가라"라는 그라시안의 말은 자신감과 독립성을 강조한다. 성공하는 이들은 주변의 시선이나 비판에 흔들리지 않는다. 자신의 판단을 믿고, 타인의 의견에 좌우되지 않으며 자신의 꿈을 향해 묵묵히 나아간다.

2. 책임감과 자율성: 성공하는 이들은 자신의 삶, 자신이 이룬

것에 대해 책임감을 가진다. 나의 행동과 결정에 대한 책임을 스스로 지며, 또한 문제를 스스로 해결할 능력을 갖추고 있다. "자신을 의지하는 사람은 처신에 필요한 모든 것을 손아귀에 장악하고 있다"고 그라시안은 말한다. 이들에게 가장 좋은 친구는 바로 자기 자신이다. 어떤 문제에 부닥치든 스스로에게서 가장 현명한 답을 구한다.

3. 리더십과 판단력: 성공하는 이들은 위험을 감수하고 새로운 기회를 모색하는 데 주저하지 않는다. 때로는 위험을 정면으로 부딪혀야 할 때도 있을 것이고, 때로는 장애물을 돌아 길을 우회해야 할 때도 있다. 어떤 방법을 택할 것인지는 자신이 배우고 경험한 바에 따라 스스로 판단해야 한다.

세월이 지날수록 빛을 발하는 오랜 지혜의 목소리에, 살면서 한번씩은 돌아보고 귀를 기울여보았으면 한다.

최고의 영향력을 가진
독서 블로거, 빌 게이츠

마이크로소프트의 창업자이자 세계적인 자선가 빌 게이츠는 단순히 돈을 기부하는 것 이상의 자선 활동을 펼치는 것으로 유명하다. 또한 그는 게이츠노트GatesNotes라는 공식 블로그를 통해 자신의 독서 경험과 생각을 공유하며, 독서를 통해 세상을 바라보는 자신만의 깊이 있는 시각을 보여주고 있다. 매년 약 50권의 책을 읽고 그중 일부를 블로그에 소개하는데 책에 대한 감상 외에도 작가 인터뷰, 독서 팁 등 다양한 콘텐츠를 제공하며, 독자들과 함께 책에 대한 토론을 하기도 한다. 글로벌 독서 커뮤니티를 형성하는 게이츠의 이런 시도는 건강한 독서 문화를 확산하는 데 기여하고 있다.

빌 게이츠가 즐겨 읽는 책은 과학, 기술, 역사, 정치, 경제 등 다양한 분야를 아우르지만, 특히 인문학 분야에 대한 그의 관심이 두드러진다. 그는 인문학을 통해 인간의 본질, 사회, 문화, 역사 등을 이해하고, 이를 통해 세상을 바라보는 자신의 시각을 확장하려고 노력한다.

빌 게이츠가 인용한 인문학 책들 중 몇 권을 소개하면 다음과 같다.

《사피엔스》: 인류의 진화와 역사를 생생하게 그려낸 유발 하라리[Yuval Noah Harari]의 책으로, 빌 게이츠는 이 책을 통해 인간의 본질과 미래에 대한 새로운 통찰을 얻었다고 밝혔다.

《호모 데우스》: 역사학자 유발 하라리의 또 다른 역작인 《호모 데우스》는 인공지능과 기술 발전이 인간 사회에 미치는 영향을 다룬 책으로, 빌 게이츠는 이 책을 통해 인공지능 시대에 대한 경각심과 동시에 희망을 얻었다고 말한다.

《팩트풀니스》: 통계와 데이터를 통해 세상이 실제로 얼마나 나아졌는지 보여주는 한스 로슬링[Hans Rosling]의 이 책을 소개하며, 빌 게이츠는 긍정적인 시각으로 세상을 바라보는 일의 중요성을 강조한다.

《여섯 번째 대멸종》: 지구상에서 일어나고 있는 제6차 대량 멸종 사건을 다룬 책이다. 빌 게이츠는 이 책을 소개하며 환경 문제에 대한 심각한 경각심을 강조했다.

빌 게이츠는 독서를 통해 세상을 이해하고, 이를 바탕으로 자신의 생각을 공유하며, 새로운 시각을 제시함으로써 세상을 변화시키려는 노력을 계속하고 있다. 그에 따르면, 세상의 변화 전에는 반드시 위대한 독서가 앞선다고 한다. 그는 이렇게 말한다.

"독서는 저에게 새로운 아이디어와 영감을 줍니다. 또한 독서는 다른 사람들의 관점에서 세상을 바라보도록 도와줍니다."

빌 게이츠가 실천하는 어떤 자선 활동보다도 폭넓고도 큰 영향을 미치는 것이 바로 책과 독서를 통한 세상과의 소통이 아닐까 한다.

부자들의 시간관념을
엿볼 수 있는 물리학 책

부자들의 시간관념

세상의 부자들에게 공통점이 있다면 '시간은 돈'이라는 벤자민 프랭클린Benjamin Franklin의 말을 신봉한다는 점일 것이다. 어쩌면 그들은 시간을 돈보다도 더 중요하게 생각할지 모른다. 빌 게이츠가 생각하는 '시간'이란, 절대적이고 정량적인 성격이 아니라 상대적이어서 누구에게나 다른 고유의 가치이다. 빌 게이츠가 시간에 대해 배우고 실천하고자 했던 사람이 있으니, 바로 이탈리아의 물리학자이자 철학자인 카를로 로벨리 Carlo Rovelli이다. 프랑스 마르세유대학에서 교수로 활동 중인 이론 물리학자 카를로 로벨리는 양자중력이론을 선두에서 이끌고 있는 우주론의 대가다. 그가 쓴 책《모든 순간의 물리학》 과《보이는 세상은 실재가 아니다》그리고《시간은 흐르지 않는다》는 대중에게도 큰 사랑을 받았다.

양자중력이론, 그중에서도 그가 주장하는 루프(고리)양자 중력이론은 상당히 어려운 내용인데도 대중들에게 다가가는 그의 우아하고도 친절한 필체 덕분에 편안하게 읽힌다. 그는 하이데거Martin Heidegger, 에드문트 후설Edmund Husserl의 철학과 마르셀 프루스트Marcel Proust의 소설은 물론, 바흐Johann Sebastian Bach의 칸타타와 베토벤Ludwig van Beethoven의 미사곡까지 사례로 들며 시간에 대해 최대한 쉽게 풀어서 설명하고 비유하고 인용한다. 그러고 보면 시간만큼 융합적이고 통섭적인 주제도 없는 듯하다.

시간은 오직 머릿속에서만 존재한다

책《시간은 흐르지 않는다》에서 그는 과거-현재-미래로 이어지는 전통적인 시간관을 전면적으로 부정한다. 인간에게 그렇게 느껴지는 것일 뿐, 우주라는 차원에서 시간은 순서도 질서도 흐름도 없다는 것이 그의 설명이다. 시간은 단지 물질들이 만들어내는 사건들 간의 관계이다. 이 세상에 시간은 없고 사건만 있다는 그의 이론은, 다른 철학서들이 과거와 미래를 부정하고 오직 현재만이 실재라고 설명하는 관념과 충돌한다. 카를로 로벨리의 이론에서는 과거와 미래뿐 아니라 현재까지도 부정하기 때문이다.

그에 따르면 시간은 아주 복잡한 현실의 근사치로, 현재는 세계적이 아니라 지역적이라고 설명한다. 거울로 내 얼굴을 볼 때도 10억 분의 1초 정도의 시차가 발생한다고 한다. 우주적으로 확장하면 현재는 더 낯설어진다. 100광년 떨어진 별을 볼 때 우리는 그 별의 100년 전 모습을 현재의 시점에서 보고 있는 것이다. 현재와 현재가 만날 가능성은 우주로 확장되면 영원히 사라진다.

시간이 물리학뿐 아니라 인문학적인 주제인 까닭은 '느낌'과 연결되기 때문이다. 로벨리는 시간의 착각을 일으키는 주범으로 뇌를 지목한다. "뇌는 과거의 기억을 수집해 지속적으로 미래를 예측하는 데 사용되는 메커니즘"이라며 "시간은 오직

1부. 부자들의 서재에는 왜 인문학 서적이 꽂혀 있을까?

머릿속에서만 존재할 수 있다"고 말한다. 그에 따르면 시간은 본질적으로 기억과 예측으로 만들어진 뇌를 가진 인간이 세상과 상호작용을 하는 형식이며, 우리 정체성의 원천이다. 그래서 시간은 물리적이면서도 정신적인 개념일 수밖에 없는 것이다.

마크 저커버그는 이 책에서 무엇을 읽었을까?

시간이 없다면 인과관계도 사라지는 것 아닐까? 이 질문에 저자는 시간 대신 엔트로피 개념을 도입한다. 공통의 원인이 과거에 존재한다는 것은 과거에 엔트로피가 낮았다는 징후일 뿐이라고 그는 주장한다. 사람들은 엔트로피의 증가를 시간의 흐름으로 착각한다는 것이다. 시간은 존재하지 않을지 모르지만, 열역학 제2법칙은 우주가 존재하는 한 영원히 존재할 것이다.

또 한 가지 의문이 있다. 시간이 없다면 세계는 혼란스러워지는 것 아닐까? 그렇지는 않다. 시간의 부재가 모두 얼어붙어 꼼짝도 하지 않음을 뜻하는 것은 아니라고 한다. 세상은 변화하고 사건 사이의 관계에는 엄연히 구조가 있기에 혼란은 없다. 다만 관념적인 혼란은 피할 수 없을 듯하다. 그의 시간관은 다분히 동양적, 특히 불교적이라는 느낌을 준다. 책 속에서 그의 한마디를 톺아본다.

"우리는 영원불멸을 갈망하고 시간의 흐름에 고통스러워한다. 시간은 고통이다."

시간은 생로병사이며 그 본질은 고통일 수밖에 없다는 부처의 가르침과 일맥상통한다.

사실 죽음은 시간의 끝처럼 여겨진다. 그런데 저자는 놀랍게도 죽음이 두렵지 않다고 말한다. 바흐의 BWV50 칸타타를 인용하며, 죽음은 내 두 눈을 감겨주고 머리를 쓰다듬어 주러 곧 오게 될 친절한 자매라고 표현한다. 죽음에 대한 두려움은 어디까지나 진화의 오류라는 이야기다. 그는 이렇게 말한다.

"나는 아직 이렇게 황금 잔을 기울이며 세상을 돌아볼 수 있는 시선을 가진 것이 행복하다. '매일이 충만하다'고 느낄 때까지 가서 미소와 함께 이 짧은 순환의 인생을 마감하고 싶다."

천사가 도착해 "때가 되었어"라는 말을 들려주면 굳이 이유를 묻지 않고 그저 미소를 지어 보이며 따라갈 것이라는 그의 말에서, 시간은 물론 삶에 대한 그의 독자적인 경지를 엿볼 수 있다.

이 책을 읽은 CEO 중에는 페이스북을 만들고 지금은 메타 버스 생태계 구축에 힘을 쓰는 마크 저커버그도 있다. 저커버 그는 이 책을 통해 인간 삶의 유한성을 깨닫고, 자신의 삶을 더욱 의미 있게 살아야겠다는 생각을 하게 되었다고 밝혔다.

끝으로 로벨리는 그의 책에서 시간 여행의 가능성에 대해 언급한다. 특정 조건하에서는 시간 여행이 가능할 수 있다고 하니, 작은 기대를 품어보아도 좋을 듯하다. 실제로 수많은 성 공하는 이들, 부의 대열에 오른 이들은 지금도 시간 여행을 하고 있다. 그들의 타임머신은 바로 책이다. 이들은 책 속에서 과 거를 되돌아보고 미래를 미리 체험한다. 이러한 경험을 통해 풍요로워지는 것은 지갑뿐만이 아니라 삶의 질이라는 것을 그 들은 누구보다 잘 안다.

부자들은 불황기에도
미술품 투자를 줄이지 않는다

어떤 시기에도 타격을 받지 않는 재테크 수단

2022년은 비트코인부터 시작해 미국 증시, 한국 증시, 채권 그리고 마지막으로 부동산까지 지옥행 열차를 탄 한 해였다. 거의 모든 재테크가 최악의 상태를 맞았던 그해에도 타격을 받지 않았던 투자 수단이 하나 있었다. 바로 그림 미술 시장이다. 사실 2022년만의 이야기는 아니다. 그림 가격이 폭락했다는 기사는 외신이든 국내든 본 적이 없다.

2021년 최고가로 판매된 그림은 피카소의 작품 〈창가에 앉은 여인〉으로 1억 3,400만 달러, 우리 돈으로는 무려 1,864억 원에 가까운 금액이었다. 1997년 거래 가격이 680만 달러(약 94억 5,880만 원)였으니 25년 동안 15배 이상 뛴 셈이다. 그런데 2022년 상반기에 가장 비싸게 팔린 그림은 앤디 워홀^{Andy} ^{Warhol}의 마릴린 먼로 초상화로, 1억 9,500만 달러(약 2,700억) 였다. 크리스티 경매 역대 최고가였으며, 다빈치의 〈살바도르 문디〉 다음으로 역대 2위라는 기록을 세웠다. 뿐만 아니라 크리스티는 상반기 매출이 41억 달러로 2015년 이후 두 번째로 높은 실적을 올렸다고 발표했다.

러시아-우크라이나 전쟁이 세상의 모든 돈을 빨아들인 것처럼 보이는 시기에도 세계의 부자들은 그림을 계속 사 모았다는 이야기다. 이런 추세는 2023년에도 이어졌다. 시진핑의 독재 강화로 중국 시장이 감소해서 전체적인 상승률은 떨어졌지만 그럼에도 전체적으로 3퍼센트 상승했다.

한국도 마찬가지다. 2022년 상반기 국내 미술 시장 규모는 약 5,329억 원으로 집계됐고, 2022년과 2023년에는 1조 원을 넘어섰다. 미술품 경매회사 케이옥션은 이번 상반기에 매출액 192억 원, 영업이익 59억 원을 기록했다. 매출액은 전년 대비 33.3퍼센트 증가했다고 한다. 2023년 9월에 열린 국내 미술 축제 '프리즈 서울' 현장에는 MZ세대 투자자들을 중심으로 구름 같은 인파가 모여들었다. 그림 투자는 초호화 투자의 절정이며, 보석처럼 안전한 투자 수단이라는 생각도 이러한 열풍에 한몫했으리라 생각된다.

부자들은 왜 그림에 투자를 할까?

부자들은 왜 그림에 투자를 할까? 가장 큰 이유는 자본주의가 제일 좋아하는 희소성이 극대화된 투자 수단이기 때문이다. 일단 수요는 많고 공급은 한정된 재화다. 게다가 미술은 모든 예술 중에서도 가장 소장 가치가 높은 분야다. BTS의 음악처럼 무한정 찍어낼 수 없다. 워홀이나 바스키아^{Jean Michel Basquiat}, 고흐와 피카소, 다빈치는 더 이상 그림을 그리지 못한다. 그렇다고 그들의 유명세가 꺾이거나 미술계에서 인지도가 떨어질 리 만무하다.

그러므로 사후에 더 유명해질 것이 분명해 보이는 작가라면 생전에 작품을 사두어서 결코 손해 볼 일은 없다. 미술품 고르는 능력은 미래를 보는 능력과도 일치하며, 부자들은 누구보다도 미래를 잘 예측하는 사람들이다. 특히 유명한 작가가 말년에 그린 작품이라면 향후 천정부지로 가격이 뛸 가능성이 높다.

이들이 그림에 투자하는 또 한 가지 이유는 비트코인이나 주식처럼 변동성이 없기 때문이다. 변동성이란 다른 말로 바꾸면 추락할 위험이다. 아무리 가격이 올라도 그 과정에서 변동성이 심하면 평정심을 잃게 마련이다. 그러나 부자들은 일단 사둔 그림을 시장에 자주 내놓지 않는다. 평생 소장할 생각으로 그림을 사는 경우가 많다. 심리적으로 안정된 투자는 시장을 교란시킬 일이 없다. 군중심리로부터 자유로운 미술 시장은 하방이 막혀 있고 상방만 있는 거의 유일한 투자 수단인 셈이다.

미술 시장을 움직이는 것은 스토리이고, 스토리를 만들 수 있는 사람은 비싼 그림을 보유하고 있는 소장자들이다. 부자가 헤게모니를 쥐고 있는, 즉 군중심리를 이길 수 있는 영역이 바로 미술이다. 미술 시장을 움직이는 주체들은 아트 페어, 경매 시장 그리고 이들의 뒤에서 움직이는 래리 가고시안Larry Gagosian 같은 아트 딜러들이다. 최근 들어 여성 유색인 작가, 40대 이하 작가들의 그림이 비싸게 팔리는 이유도 이들 그림을 가진 사람들이 이런 테마가 형성되기를 원하기 때문이다.

하루아침에 급락한 가격으로 전 재산을 날릴 걱정을 전혀 안 해도 되는 곳이 미술 시장이다. 보유한다고 해서 부동산처럼 세금을 낼 필요도 없고, 자녀에게 물려줄 때도 여느 투자 수단보다 유리하다는 점 또한 부자들이 미술 투자를 선호하는 하나의 이유일 것이다. AI가 미술 창작 대회에서 대상을 수상할 정도로 빠른 속도로 인간의 영역을 침범하고 있다는 점이 미술품 시장의 리스크이기는 하지만, AI가 아무리 완벽하게 모사한다고 해도 진품을 인정하는 수단인 NFT가 있는 한 AI가 미술품 시장의 가격을 폭락시킬 것이라는 우려도 사실 기우라고 봐야 할 것이다. 단군 이래 가장 재테크 감각이 뛰어나다는 MZ세대가 미술품 투자에 열광하는 데는 그만한 이유가 있는 셈이다.

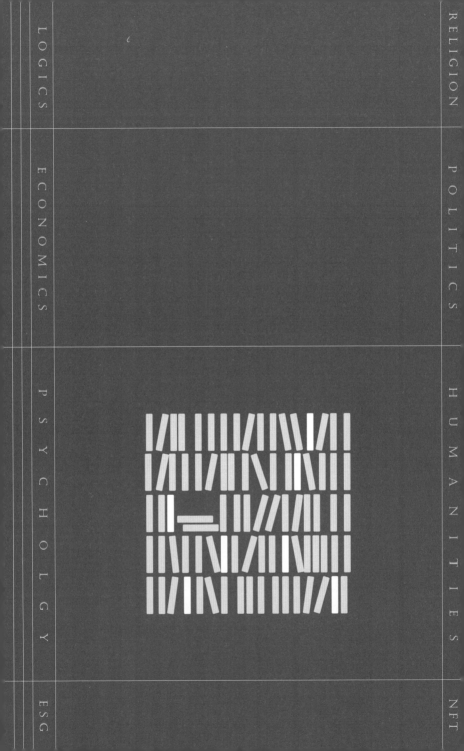

LOGICS

ECONOMICS

PSYCHOLGY

ESG

RELIGION

POLITICS

HUMANITIES

NFT

2부

부자들은 철학에서
투자의 무기를 찾는다

부자들은 철학을
삶의 무기로 쓴다

한국인을 사로잡은 한 권의 철학서

야마구치 슈의《철학은 어떻게 삶의 무기가 되는가》는 철학서로는 보기 드물게 종합 베스트셀러 1위를 기록한 책이다. 내 기억이 맞다면 철학서가 종합 1위를 기록한 것은 오래전《강신주의 감정수업》그리고 그보다 더 오래전 위기철 저자의 '논리야 시리즈' 이후로는 처음일 것이다. 게다가 위의 두 책처럼 국내 저자가 쓴 것이 아닌, 번역서가 1위를 한 적은 한 번도 없었던 것으로 기억한다. 이 책은 왜 그렇게 큰 인기를 끌었을까? 논리적 사고나 사고력이 중요한 아동·청소년용이 아닌 성인 대상 책인데 말이다.

우선 작가의 경력이 특이하다. 게이오대학에서 철학을 전공했고 미학으로 석사 과정을 밟았다. 그 후 광고 회사를 거쳐 경영 컨설턴트로 탄탄한 경력을 쌓았다. 일본 역시 이공계 출신들이 취업이 잘되고 기업들도 선호하는데 그는 인문학 공부를 제대로 한 먹물 지식인이면서 현실 경제와 경영 현장을 체험한 특이한 사례이다.

물론 이 책은 저자도 인정했다시피, 정통 철학서라기보다는 당의정을 입힌 교양 철학서이다. 그는 성인, 특히 남성 독자들을 대상으로 하여 그들이 무엇을 원하고 무엇이 필요한지를 정확히 파악했고, 그에 대한 자신의 해답을 철학과 심리학, 문화인류학 등의 학문에 슬쩍 담근 뒤 최대한 쉽고 간결하게 전달하고 있다.

이 책의 목차를 보면 인문학을 활용한 자기계발서로서의 정체성이 분명히 드러난다. 자기계발서와 철학서의 하이브리드라고 할 만하다. 대상 독자가 분명하고 시장이 확실한 데다 책의 정체성이 독자들의 요구에 들어맞으니 반응이 터져나올 수밖에 없었다. 특히 한국은 일본과 기업 문화, 경제 구조가 비숫하기에 국내 독자들에게도 그대로 소구할 수 있었던 듯하다.

철학과 경영학이 맞아떨어지는 순간

이 책이 베스트셀러가 된 또 한 가지 이유는 가독성이다. 정말 쉽게 읽힌다. 처세와 자기계발에 관한 이야기를 철학을 배경으로 이처럼 쉽게 풀어간다는 것은 저자의 뛰어난 역량에 달린 일이다. 무엇보다 저자가 제시하는 철학 이론과 경영 사례가 절묘하게 맞아떨어지는 부분이 감탄을 자아낸다. 예를 들면 이런 식이다.

《마음의 작동법》을 쓴 사회심리학자 에드워드 데시Edward L. Deci가 말하는 '예고된 대가'가 실제로 성과를 저하시킨다는 것을 보여주면서 인간의 창조성에 대해서 이렇게 정의한다.

"사람이 창조성을 발휘하는 데는 채찍도 효과 없다. 다만 자유로운 도전이 허용되는 풍토가 필요하다."

사람들이 자유로운 풍토 속에서 리스크를 무릅쓰는 것은 당근을 원해서도, 채찍이 두려워서도 아니다. 그저 그렇게 하기를 원하기 때문이라는 이야기다. 따라서 창조성 이전에 자발성이 전제되어야 함을 이 책은 강조한다. 더불어, '실패자'라는 낙인이 찍히면 회사는 물론 사회에서 버티기 어려운 일본의 기업 문화를 비판한다.

철학서든 자기계발서든 중요한 건 독자가 얼마나 공감할 수 있는가의 여부다. 그런 점에서 이 책은, 독자들이 미시적인 사례뿐 아니라 철학이라는 거시적 틀을 통한 저자의 메시지에도 충분히 공감하도록 이끌고 있다.

불확실성에 끌리는 인간의 본성

저자는 스키너Edward L. Deci의 '강화 이론'을, 도박처럼 불확실한 것에 매력을 느끼는 인간의 본성과 연결시킨다. 물론 모든 사람이 도박을 좋아하는 것은 아니다. 그렇다면 SNS는 어떨까? 내가 올린 글이나 사진에 '좋아요'가 달리는 것을 싫어하는 사람은 별로 없을 것이다. 사람들의 반응이 어떨지 예측할 수 없는 상태에서 '좋아요' 숫자가 올라가면 대부분은 도파민이 분출하는 것을 느낀다. 많은 사람들이 SNS에 중독적으로 매달리는 이유도 그 때문일 것이다. 스키너의 말대로 '예측할 수 없는 불확실성'은 거부하기 힘들 만큼 매력적이다.

이 책은 칼 마르크스Karl Heinrich Marx의 '소외' 개념도 다루

느데, 이를 회계와 연결해 풀어낸다. 저자는 규칙이나 시스템으로 사람을 통제하려 하면 거기에는 당연히 소외가 발생할 것이라고 설명한다. 따라서 규칙을 정해놓고 외부에서 감시하려고 한다면 분식 회계는 영원히 근절되지 않을 거라 예측한다. 자발적인 이념과 가치관으로 바람직한 행동을 추구하는 것이 소외를 막는 길이라고 저자는 주장한다.

개인적으로 가장 좋았던 부분은 소크라테스와 무지無知, 기지旣知를 연결한 부분이었다. "두근두근할 만큼 알지 못하면 아는 것이 아니다"라는 말은, 인간이 사는 이유가 무엇인지에 대해 이야기하는 듯하다. 미지의 영역에 발을 담궈, 이를 앎의 영역으로 바꾸는 과정에서 얻는 쾌락이 삶을 살아가는 원동력 중 하나가 아닐까.

철학적 투자자의 힘

이 책이 많은 독자들에게 폭발적인 사랑을 받은 이유는, 살아간다는 것이 지닌 철학성 때문이다. 철학적인 삶은 부로 향하는 삶과 크게 다르지 않다. 내가 직접 겪었든 혹은 다른 누군가의 경험을 책에서 접했든, 거기로부터 살면서 써먹을 수 있는 무기를 찾는 자들이 성장하고, 성공한다.

버크셔 해서웨이 부회장인 찰리 멍거 역시 그런 사람이었다. 그는 칸트를 비롯해 숱한 철학서를 탐독했다. 그리고 칸트 철학의 핵심 가치인 객관적 사고, 이성적 사고, 윤리적 책임 등을 투자 철학에 적용하여 연 평균 19.2퍼센트라는 놀라운 투자 결과를 이끌어냈다. 칸트의 철학은 멍거에게 투자 판단의 기준, 비판적 사고 능력, 장기적인 관점을 제공했으며 윤리적 책임감을 가지고 투자해야 한다는 그의 투자 철학을 형성하는 데 중요한 역할을 했다.

실제로 멍거는 자신의 성공 원천을 두 사람에게 돌렸다. 친구이자 상사였던 워런 버핏, 그리고 바로 칸트다. 멍거는 칸트의 철학을 읽으며 냉정하고 객관적으로, 이성적으로 사물을 보고자 했으며 투자에서 윤리가 얼마나 중요한지를 고려했다. 그런 점에서 그는 철학적 투자자이다.

한국의 주식시장에 유독 플라톤이 많은 이유

한국의 애널리스트들은
왜 매도 리포트를 쓰지 않는가

주식 투자를 하면 반드시 만나는 보고서가 있다. 바로 해당 업종과 소속 기업들을 분석하는 증권사의 직원, 즉 애널리스트들의 보고서다. 이 보고서는 관심 업종을 공부하기 시작할 때 가장 좋은 읽기 자료이다. 해당 업종의 애널리스트는 전공자가 많을뿐더러 회사 측과 친밀한 관계를 유지해서 고급 정보를

부자의 서재에는 반드시 인문학 책이 놓여 있다

얻을 수 있는 기회가 열려 있기 때문이다.

애널리스트들의 보고서는 어떻게 볼 수 있을까? 자신이 가입한 증권사 HTS에서 찾아볼 수 있고, 한경에서 운영하는 컨센서스(http://consensus.hankyung.com) 사이트에서 다른 증권사 애널리스트가 쓴 리포트까지 무료로 볼 수 있다.

애널리스트의 보고서는 기업 및 업종의 재무제표들과 각종 뉴스를 바탕으로 적정 주가, 이른바 목표 주가를 투자자들에게 제시하는 것이 목표다. 사실 한국의 애널리스트들은 투자자들에게 신뢰가 낮은 편이다. 이들의 보고서나 유튜브 등에서 하는 이야기들은 기업의 입장에서 기업을 칭찬하고 왜 투자해야 하는지를 설명하는 홍보에 가깝다는 비판이 있다.

무엇보다 어느 애널리스트도 기업의 주식을 팔아야 할 때를 알려주는 매도 리포트를 쓰지 않는다. 2020년처럼 주식이 죽죽 우상향하는 시점이라면 모를까, 2021년처럼 주가가 하락하거나 횡보하는 시점에도 애널리스트들은 매도 의견을 절대 밝히지 않는다. 그들은 항변한다. '매도 리포트를 쓰면 기업에 투자한 개인투자자들이 발끈한다', '우리나라는 미국처럼 공매도가 활성화되어 있지 않아 매도 의견을 내기 어렵다'는 것이다. 실제로 미국의 애널리스트들은 자신의 전망에 책임을 지고 그것이 자신의 연봉을 결정하기 때문에 매수는 물론 중립, 보유, 매도 등의 의견을 적극적으로 낸다. 그만큼 신뢰도가 높을 수밖에 없다. 한국의 주식시장이 선진국 대열에 올라서려면, 애널리스트들의 낮은 신뢰도를 극복하는 것이 하나의 과제라는 생각이 든다.

플라톤의 이데아론으로 보는 목표 주가의 실체

그 분야를 전공하고, 기술의 파급 효과에 대해서 잘 아는 애널리스트들이 비판을 듣는 이유를 '플라톤의 이데아론'과도 연관지어 역설적으로 추측해볼 수 있다.

플라톤의 철학은 실재와 현상이라는 이분법의 세계 위에 우뚝 서 있다. 예를 들어 이데아론을 신봉하는 사람이라면 아름다운 것을 사랑한다고 할 때 구체적인 미인, 아름다운 그림을 떠올리지 않을 것이다. 여기서 다빈치의 모나리자를 떠올리는 사람은 절대 플라톤적으로 사고하지 않는 사람이다.

플라톤식 사고에서는 미 자체, 혹은 절대미를 생각하고 이를 사랑한다. 이는 세상에는 없는 미로서 천국 어딘가에 존재하는 가상의 미이다. 모든 것이 미의 조건에 들어맞는 완벽한 미라 할 수 있다. 플라톤은 천상 세계에 존재하는 이데아의 미를 현실에서 흔히 볼 수 있는 일상의 미보다 훨씬 더 가치 있는 것으로 간주했다.

우리나라 애널리스트들의 시각은 플라톤에 가까운 것이 아닐까 싶다. 현재 주가는 별 볼 것 없고 하락 추세에 있지만 이 기업의 진정한 실체를 알려주는 주가, 즉 목표 주가는 따로 있다. 다시 말해 '주가의 이데아'라 할 만하다. 왜 애널리스트가 제시하는 목표 주가는 실제 주가에 비해 항상 높기만 한지 그 이유를 알 것도 같다.

그런데 플라톤의 이데아론은 한편으로 다음과 같은 비판을 받는다. 일단 플라톤의 스승 소크라테스는 이데아론이 하나의 가능성일 따름이라고 말한다. 제자를 은근히 비판한 셈이다. '이데아를 어떻게 알아볼 것인가?' 하는 문제도 꾸준히 제기된다. 이데아가 존재하더라도 현실이 아닌 천상 세계에 존재하는 것이라면, 그것을 우리가 어떻게 알아볼 수 있을까? 또 '신의 영역'에 해당하는 이데아에 비쳐, 현실에 있는 짝퉁 이데아들을 어떻게 감별해낼 수 있는가? 이런 의문이 꼬리에 꼬리를 물고 이어진다.

DS자산운용의 이한영 펀드매니저는 주식을 할 때 이걸 사야 할지 말아야 할지 헷갈리는 기업의 종목은 무조건 피하는 게 좋다고 조언했다. 기업의 가장 이상적인 상황을 가정하고 논쟁을 벌이기보다는, 차라리 현실로 눈을 돌리는 것이 더 옳을 수도 있다는 것이다. 주식시장의 수많은 플라톤들도 생각해볼 이야기가 아닐까 싶다.

아리스토텔레스의 중용에서 ETF의 힘을 읽다

투자자의 관점에서 보는 아리스토텔레스

'모든 서양철학은 플라톤에 붙여진 각주에 지나지 않는다'라는 이야기가 있다. 그렇다면 철학을 제외한 서양 모든 학문의 뿌리이자 아버지는 단 한 사람 아리스토텔레스가 아닐까 한다. 정치학, 논리학, 생물학, 윤리학, 천체물리학 등 문과와 이과를 넘나들며 당대 최고의 지식을 통섭적으로 뽑아낸 사람이 바로 아리스토텔레스이다. 후세에 미친 영향이라는 측면에서 보면 동서양 그 어떤 학자도 그에 미치지 못한다.

아리스토텔레스를 투자자 관점에서 보았을 때 주목해야 할 개념은 바로 '중용'이다. 중용은 동양에도 있는 친숙한 개념으로, 공자가 제안한 군자의 덕목 또한 바로 중용이다. 흔히 생각하기를, 적당히 중도의 자리를 차지하는 것이 곧 중용이라고 하겠지만 아리스토텔레스의 중용은 단순하게 말해 '상식의 존중'이라 할 수 있다.

중용은 아들과의 대화로 이뤄진 《니코마코스 윤리학》에 등장하는 개념이다. 아리스토텔레스도 스승인 플라톤처럼 형이상학을 논하기는 했지만 그에 비하면 확실히 덜 신비적이고 덜 종교적이다. 아리스토텔레스에 따르면 극단은 좋지 못하다. 주식을 한 종목에만 모두 몰아넣는다든지, 전 재산을 부동산에만 투자한다든지 하는 행동은 아리스토텔레스의 관점에서는 옳지 않은 셈이다. 아리스토텔레스가 생각했던 중용은 이런 식이다. 비겁함과 만용 사이에서 중용은 '용기'이며, 낭비와 인색함 사이에서 중용은 '너그러움'이다. '겸손'은 수줍음과 몰염치 사이의 중용이다.

그런데 천하의 아리스토텔레스도 철학적으로 완벽하지는 않다는 비판도 있다. 중용은 그가 생각했던 최선의 덕(마이클 샌델을 매료시킨 그 개념)과 어긋난다는 주장이다. 그래서 아리

부자의 서재에는 반드시 인문학 책이 놓여 있다

스토텔레스를 옹호하는 학자들은 그가 이지적인 지성에서는 최선의 덕을 주장했고 실천적인 면에서는 중용을 적용했다는 식으로 말한다. 그도 어떤 관점에서는 그의 스승 플라톤처럼 이원론자였던 셈이다.

아리스토텔레스라면 어떤 투자 전략을 썼을까?

만약 플라톤보다 현실적인 아리스토텔레스가 지금 시대에 태어나 투자자 되었다면 어떤 투자 전략을 권했을까? 이런 재미나는 상상에 대해 답을 해보자면, 아마도 그는 특정 종목에 쏠릴 수 있는 종목 투자 대신 지수 자체에 투자하는 인덱스 펀드, ETF에 투자할 것 같다.

나는 전작인 《슈퍼리치들에게 배우는 돈 공부》에서 주식 초보일수록 ETF에 투자하는 것이 좋으며, 특히 미국 주식에 투자하려는 서학 개미들은 미국의 ETF에 투자하라고 조언한 바 있다. ETF는 두 가지가 있다. '패시브 ETF'는 코스피 지수, 미국 나스닥 지수, S&P500 지수 등 지수에 포함된 종목을 비율대로 사는 것이다. 그에 비해 '액티브 ETF'는 내가 업종을 고를 수가 있다.

사실 초보 투자자뿐 아니라 대단한 실력가들도 시장의 평균 수익률을 이기기가 어렵다. 미국의 난다 긴다 하는 펀드매니저들 중에서 시장의 평균 수익률인 S&P500 지수를 이기는 비율은 그해 15퍼센트에 불과하다. 13년 동안 11번을 이긴 피터 린치Peter Lynch 같은 경우는 극히 드문 예에 속한다. 대부분의 펀드매니저들은 원숭이들에게 맡겼을 때와 큰 차이가 없는 수익률을 보인다. 주식 투자가 미래 불확실성의 영역이자 수많은 사람의 심리가 반영되는 영역이기 때문에 예측하기 그만큼 어렵다는 반증이다.

강세장에서는 누구나 돈을 벌 것 같다. 그러나 약세장이 오면 마치 세상이 붕괴할 것처럼 느끼며 공포에 젖어 주식을 헐값으로 판다. 그렇기 때문에 벌 때는 조금 덜 벌더라도, 평균의 힘을 빌려 잃을 때 손해를 최소화할 수 있는 ETF 투자는 사실 초보자뿐 아니라 고수를 제외한 거의 모든 투자자에게 필요한 투자 방법이다.

ETF의 위력을 보여주는 사례들

ETF가 가장 보수적인 투자인 것만은 아니다. 주식이 떨어질

부자의 서재에는 반드시 인문학 책이 놓여 있다

때 베팅하는 인버스 ETF도 있으며, 이는 공매도나 가격이 쌀 때 비싸게 팔 수 있는 풋 옵션의 역할을 한다. 또한 자신이 투자한 원금보다 두 배, 세 배로 원금을 불릴 수 있는(물론 그 비율만큼 자산이 줄 수도 있음은 감안해야 한다) 레버리지 ETF도 존재한다(주가가 1% 하락하면 두 배로 2% 수익을 얻는 ETF는 곱버스라고 한다).

ETF의 위력을 잘 보여주는 사례는 수없이 많다. 2024년 6월, 엔비디아가 주당 1,100달러를 돌파해 10분의 1로 액면분할을 시행했다. 그런데 엔비디아에 투자한 사람들 중에는 아이온큐 등 양자컴퓨터 회사에도 투자해, 포트폴리오를 AI 반도체와 양자컴퓨터로 분할한 경우가 많다. 당시 아이온큐는 약세에 약세를 거듭했기 때문에 투자자들은 엄청난 손실을 입었을 것 같지만, 엔비디아에 분산 투자를 했다면 전체 수익률은 상당히 높은 수준이었을 것이다.

이처럼 소수의 종목에 집중해서 투자하는 것은 위험한 전략이 될 수 있다. 그래서 기업이 아니라 업종에 투자하는 사람들은 ETF를 산다. 나스닥 시총 순위 1위에서 100위까지 주식을 시총 비율만큼 매일 사는 QQQ ETF의 경우를 보자. 이때는 위험이 분산되기 때문에 2024년 5월까지 17퍼센트가 넘는 수익률을 기록했다. 물론 모든 돈을 엔비디아 한 종목에 투자했을 때보다는 수익률이 적지만, 마이너스 수익률을 기록하는 종목을 상쇄할 수 있어서 전체적으로는 일정 수준 이상의 수익율을 올리는 것이 ETF의 비결이다. 아리스토텔레스가 말한 '상식의 존중'으로서의 중용은 투자의 원칙으로 반드시 필요한 덕목이다.

공자의 가르침에서
인프라 투자의 중요성을 떠올리다

머리로 하는 철학, 몸으로 하는 철학

동양철학은 서양철학에 비해 무엇이 달랐을까? 가장 큰 차이는 서양철학은 주로 머리로 하는 경향이 있는 것에 비해, 동양철학은 일종의 자기 수양 수단으로서 몸 전체를 사용했다는 점일 것이다. 유교의 철학은 인(인간다움)과 예(행동의 적절성)로 대변된다.

공자부터 인을 인간의 가장 기본적인 특성으로서 도덕적

✽ 83 ✽
2부. 부자들은 철학에서 투자의 무기를 찾는다

자질을 뜻하는 단어로 사용했다. 인은 관계적인 개념이다. 한자의 구성을 보면 좌변에는 '사람 인' 자, 우변에는 '두 이' 자로 이루어져 있다. 즉, 두 명 이상의 인간관계에서 필요한 덕목이 바로 '인'이다. 사회적 맥락으로 확대되면 인은 인간성을 넘어 인류애로까지 확대될 수 있다.

이에 비해 예는 행동의 적절성을 판단하는 기준이다. 자기 수양을 이룬 사람의 태도가 바로 예인 것이다. 공자의 대표작인 《논어》의 위정 편을 보면 이런 대화가 나온다.

"성을 행정 명령으로 통치하고 형벌로 질서를 유지하면, 백성은 처벌을 피하더라도 수치심을 느끼지 않는다. 백성을 덕으로 다스리고 예로써 질서를 유지하면, 그들은 수치심을 느끼고 너 나아가 스스로 다스려질 것이다."

이 구절에서 예는 행동을 규제하는 수단으로서 형벌을 대신한다. 인과 예 중에서 공자는 무엇에 우선순위를 두었을까? 공자의 제자 중 자유와 자하는 예의 중요성을 더 강조하고, 증지와 자장, 그리고 공자가 가장 아꼈던 안연은 인을 더 중시한다. 논어가 공자의 제자들이 쓴 책이라, 제자들의 시각이 공자의 철학을 이해하는 데 도움이 된다.

공자는 여기서 앞에서 살펴본 아리스토텔레스의 '중용'을 내세운다. 근본적인 자질과 세련된 수단이 적절하게 균형을 이루어야 한다는 입장이었다. 그런데 둘 중에서 하나를 고르라면 공자는 아마도 인을 골랐을 것이다. 실제로 공자는 제자들에게 이렇게 반문한 적이 있었으니 말이다.

"사람이 인하지 않으면 예는 무엇에 쓰겠는가?"

공자가 바이든을 만난다면

투자자의 관점에서 공자의 인과 예를 적용해본다면 어떤 혜안을 얻을 수 있을까? 좋은 예로, 바이든 정부가 집권하면서 강조한 사회 인프라 투자가 인과 예에 해당하는 투자일 것이다. 바이든은 지난 2021년 11월, 1조 달러 인프라 법안에 서명하면서 이를 미국 재건을 위한 청사진이라고 평가했다.

인프라 법안에는 수도 시설 개선, 광대역 인터넷 확대, 화석연료 사용 감축 등이 포함됐다. CNBC에 따르면 1,100억달러(약 132조 원)는 도로, 교량, 다리 등을 비롯한 대규모 인프라 프로젝트에, 660억 달러(약 79조 2,000억 원)는 화물 운송, 미국의 국철 암트랙을 포함한 철도 사업 투자에, 390억 달러

(약 46조 8,000억 원)는 대중교통, 650억 달러(약 78조 원)는 광대역 통신에 사용될 예정이라고 한다. 아울러 기후 복원 등에 500억 달러(약 60조 원), 청정에너지와 발전 기기에 650억 달러, 전국 단위 전기차 충전소 구축과 수질 개선 등에 각각 75억 달러(약 9조 원)와 550억 달러(약 66조 원)가 투입된다.

월 스트리트 저널은 이들 법안의 수혜주들을 발표했는데 다음과 같다.

첫 번째 수혜주로는 브로드밴드(광대역) 제공자들이 꼽혔다. 두 번째 수혜주로는 반도체 제조업체들이 선정됐다. 바이든 대통령은 중국의 위협을 이유로 들며 반도체 부문에 투자를 강화해야 한다고 강조한 바 있다. 바이든의 말을 믿고 3년 전에 엔비디아 SMCI 주식에 투자한 사람들은 10배에 가까운 수익을 올렸을 것이다.

세 번째 수혜주로는 전기차 제조업체들이 꼽혔다. 테슬라가 바이든 정부 초기에 잘 나갔던 이유다. 마지막은 제약기업들이다. 팬데믹을 막고 새로운 팬데믹에 대한 대응력을 미리 키우는 일은 '인'과 '예' 모두에 해당하는 투자다. 만약 공자가 2024년의 세상을 방문한다면 미국 바이든 대통령의 인프라 투자를 칭찬하지 않을까? 더불어 한국도 더 적극적으로 인프라 투자를 해야 한다고 조언할지 모를 일이다. 투자에도 명분

부자의 서재에는 반드시 인문학 책이 놓여 있다

은 중요하다. 인간이 인간답게 살기 위한 사회 인프라 투자는
어디에서든 반드시 필요하다.

노자의 철학에 끌리는 사람이라면 미국의 중소형주를

도가에 어울리는 투자는?

동양철학은 유가와 도가라는 두 개의 큰 뿌리로 이루어진다. 일반적으로 노자와 장자를 묶어 도가로 부른다. 유가에 어울리는 투자가 인프라 투자라면, 도가에 어울리는 투자는 무엇일까? 대기업이나 미국의 FANNG(미국의 5대 빅테크 기업인 페이스북, 아마존, 애플, 넷플릭스, 구글을 통칭하는 명칭) 같은 대형주에 투자하는 것보다는, 중소형주에 투자하는 것이 노자다운 투자

법이라고 생각한다.

　노자는 《도덕경》이라는 유일한 책을 남겼다. 노자를 알려면 도道를 먼저 이해해야 한다. 사실 정확히 정의하는 것이 불가능한 게 '도'이다. 도라는 개념은 철학적, 종교적이면서 자연과학적이다. 동양의 모든 개념 중에서 가장 간파하기 어렵다는 점이, 동양 사상을 연구하는 서양철학자들의 한결같은 고민이다.

　도가에서는 세상 모든 이치를 '도'라는 하나의 키워드로 설명한다. 하늘과 땅에 앞서 만물의 어머니이자 조상인 도는, 역동적이고 끊임없이 변하므로 실체를 포착하기가 어렵다. 실제로 우리는 일상에서 도라는 개념을 흔히 사용한다. '도가 텄다', '도인이 다 됐다'라고 흔히들 표현하듯, 기술이나 능력이 어떤 경지에 이르면 도가 된다.

　실제로 나의 대학 후배 중에 '주식의 도'에 다다른 경우가 있다. 이 친구는 유명 증권사 펀드매니저를 거쳐서 지금은 매미(매니저 출신 개미)로 큰돈을 벌고 있다. 처음에는 사케다 전법을 포함해 일본의 캔들 차트를 연구하면서 투자를 하더니, 어느 순간부터는 차트도 보지 않고 오를 종목에 정확히 투자를 한다.

소국과민 투자법

노자의 또 다른 핵심 개념은 소국과민小國寡民이다. 이는 나라는 작을수록, 인구는 적을수록 이상적이라고 보았던 노자의 국가관을 보여준다. '소국과민' 개념을 투자에 적용한다면 대형주보다는 중소형주가 좋다는 주장에 이를 수 있다. 서울대 컴퓨터공학과 교수이자, 인공지능 투자회사 옵투스 자산운용의 사장인 문병로 교수는 자신의 책《매브릭 스튜디오》에서 대형주가 중소형주보다 좋다는 일반론에 대해서 본격적인 문제제기를 한다.

지난 2000년부터 2012년까지의 한국 시장을 백태스트 해보면 상위 10퍼센트 시가총액에 해당하는 대형주는 6퍼센트 오른 반면, 하위 10퍼센트의 중소형주는 같은 기간에 28퍼센트가 올랐다고 한다. 1926년부터 2006년까지 미국 주식시장을 백테스트 해도 비슷한 결과를 얻는다. 중소형주일수록, PER(주가수익률)과 PBR(주가순자산비율)이 낮을수록 수익률이 좋았다. PBR이 1보다 낮다는 것은 회사가 가진 자산을 다 팔아서 주주들에게 돌려주고도 남는다는 뜻인데 비인기주가 인기주보다 상승할 확률은 5~10퍼센트 높았고 가격이 하락할 확률은 12~50퍼센트까지 낮았다.

잘 나가는 기업이 앞으로도 더 잘 나갈 것이라는 상식적이고 직관적인 견해에 정면으로 어깃장을 놓는 결과다. 주식으로 돈을 벌려면 이미 올라서 충분히 비싼 기업들보다 아직 주가가 낮아 사람들이 별로 쳐다보지 않는 기업들을 더 꼼꼼히 살펴봐야 한다는 이야기다.

성선설과 성악설로
들여다보는 ESG

기후변화 리스크가 곧 투자 리스크

2021년도에 화제가 되었던 키워드로는 메타버스와 NFT 외에도 ESG를 꼽을 수 있다. 교육 분야에 종사하는 나의 경우에는, 특히나 기업의 사회적 책임을 강조하는 ESG가 눈에 자주 띄었다. ESG는 이전의 '지속 가능한 개발'이나 '녹색 성장'보다도 한층 더 착해진 자본주의를 뜻한다. 여기서 ESG란 환경 Environment, 사회Social, 지배구조Governance를 아우른다.

세계 최대 자산운용사 블랙록^{BlackRock}의 래리 핑크^{Larry} ^{Fink} 회장은 연례 서한을 통해 "기후변화 리스크가 곧 투자 리스크이며, 이러한 리스크 평가를 위해 일관성 있는 양질의 주요 공개 정보에 접근할 수 있어야 한다"라고 언급하며, 환경 지속성과 ESG 공시의 중요성을 강조했다. 《나는 당신이 주식 공부를 시작했으면 좋겠습니다》를 쓴 애널리스트 이효석 저자는 ESG 등급만 알아도 추가 수익을 낼 수 있다고 말할 정도다.

블랙록의 경우 'ESG 투자'가 전체 운용자산의 20~40퍼센트를 차지한다. 글로벌 지속가능 투자연합^{GSIA, Global Sustainable Investment Alliance}의 통계에 따르면, 전 세계 ESG 투자 규모는 40조 5,000억 달러(4경 4,400조 원)으로, 2018년 30조 6,800억 달러(3경 3,600조 원)와 비교하면 1년 반 만에 31퍼센트 증가한 것으로 나타났다. 기업은 이제 생존을 위해서 그리고 그토록 원하는 주주 이익을 위해서 ESG를 결코 경시할 수 없게 되었다. 삼성전자를 비롯해서 SK하이닉스, LG에너지솔루션 등의 대형 제조업체들 또한 이제 새로운 투자를 결정할 때마다 반드시 ESG를 염두에 두고 있다.

지금까지는 ESG에 반하는 기업의 활동을 규제하는 네거티브 방식의 ESG 투자 전략이 통했다면, 앞으로는 오직 친환경적인 투자만이 가능한 포지티브 방식으로 바뀌게 될 것이다. 우리나라 기업이 특히 약한 재벌의 기업 지배 구조 또한 도마 위에 오를 수밖에 없다. 앞으로는 의결권에서 소수 주주의 목소리가 그만큼 더 반영될 것이 분명하기 때문이다.

피치^{Fitch}나 스탠더드앤푸어스^{S&P} 같은 국제적인 신용평가 기관은 기업들의 ESG 등급을 산정하여 공개한다. 현재 최고 점수를 받은 기업은 마이크로소프트이다. 다른 기업들도 자극을 받고 더 높은 등급을 받기 위해서 경쟁할 것으로 보인다.

자본주의가 살아남을 길에 선이 있다

그렇다면 인문학의 관점에서 이런 생각을 가져볼 수 있다. ESG는 인간이 선하게 태어났다는 맹자의 성선설을 뒷받침할까, 아니면 인간이 악하게 태어났기에 법이나 규제를 통해 강제해야 한다는 순자의 성악설을 증명할까? 이것은 이런 질문으로 다시 바꿔볼 수 있다. 도덕적인 인간이 비도덕인인 사회에 살면서 타락하는 것인가, 원래 비도덕인적인 인간을 사회가 규범을 통해 도덕적으로 만드는가?

답을 생각해보기 전에 맹자와 순자에 대해서 보충 설명을 하는 것이 좋을 듯하다. 맹자는 공자의 손자인 자사로부터 가르침을 받았으니, 공자로부터 3세대 정도 후의 인물이다. 맹자는 공자의 '인' 사상을 바탕으로 자비라는 개념을 더해 '인간 본성은 선하다'는 입장을 내놓았다. 맹자는 이렇게 설명을 덧붙인다.

"선함은 일종의 인간됨이기 때문에 자연적으로 인간 본성이 되고, 아마도 이것이 인간의 독특한 특성이 될 것이다."

순자는 맹자와 비슷한 시기에 살았던 유가 학자로서 유가 중에서 가장 성실한 인물로 알려져 있다. 순자는 맹자가 제시한 근거, 즉 '우물을 향해 나아가는 어린 아기를 보면 악인일지라도 걱정하면서 구하고 싶은 마음이 들 것'이라는 주장에 대해서 재산 때문에 서로 다투는 형제의 사례를 든다. 형제의 우애가 아무리 좋았다고 해도 그 순간부터는 자신의 이익을 위해 최대한 싸운다. 이기심이 인간의 본성이라고 인정한 점에서 순자는 애덤 스미스^Adam Smith의 견해와 비슷하다. 인간은 자연적으로 자기 이익을 위하는 성향을 지녔으며, 인간이 선해 보이는 것은 의식적으로 노력한 결과라는 이야기다.

"어린 아기를 봐도 그렇다. 태어날 때부터 질투하고 미워하는 감정을 가진다. 모든 인간은 선천적으로 욕망에 약하고 탐닉한다. 그래서 교육이 필요하고 규제가 이를 바로잡는 것이다."

다시 ESG 주제로 돌아오면, 세계 최대의 자산운용사 회장이 ESG를 거론했다는 점에서 현재의 자본주의는 성악설을 뒷받침하는 것이 아닐까 싶다. 인간이 원래부터 선했다면 이런 불평등이 존재했을 리 없으니 말이다. 그리고 자본주의가 이렇게 지구를 기후 위기로 몰아넣도록 방조하지도 않았을 것이다.

그런 점에서 일본의 마르크스 생태주의자 사이토 코헤이가 언급한 대로 '지속 불가능' 자본주의는 자본주의 그 자체를 살리기 위해서 자본의 탐욕에 스스로 제동을 걸었다고 보는 게 좀 더 타당할 것이다. ESG가 성악설이나 성선설, 어느 쪽에 기반을 두든 중요한 건 나에게 부를 안겨줄 투자의 미래는 ESG 기업에 있다는 사실이다. 투자자의 시선에서 그보다 더 중요한 사실은 없을 것이다.

주식 투자에서 실패의 확률을 줄이는 회의론

성공한 투자자, 데카르트

주식에서는 수익을 올리는 게 중요할까, 아니면 잃지 않는 게 중요할까? 대부분 전자라고 생각하겠지만 워런 버핏을 비롯한 투자의 달인들은 후자가 더 중요하다고 강조한다. '이미 돈을 많이 번 사람들이니까 더 벌 필요가 없어져서 그런 것 아니냐'는 반론을 제기할 수도 있다. 하지만 주식 투자에 처음 뛰어들어서 돈을 꼭 벌고 말겠다는 오기와 의지가 넘치는 초심자들에게도 '잃지 않는 투자'의 원칙은 정말 중요하다.

워런 버핏은 대학생과 인터뷰를 했을 때, 땅바닥에 떨어져 있는 1센트를 주울 것이냐는 질문에 1초의 고민도 없이 줍겠다고 답했다. 액수가 크든 작든, 세상의 모든 돈이 중요하다는 너무나 당연한 메시지를 들려주기 위해서였을 것이다.

잃지 않는 투자를 위해서 가장 필요한 건 회의론이다. 재무제표를 꼼꼼히 보고 기업의 공시를 철저하게 분석해 이 기업이 돈을 제대로 벌 것인지, 이 기업의 CEO는 모럴 해저드로부터 자유로운 인물인지를 검증하는 것은 정말 중요하다. 그런 점에서 플라톤과 함께 서양철학 이원론의 양대 산맥으로 자리매김하고 있는 데카르트의 방법적 회의론은, 투자자라면 반드시 점검하고 넘어가는 게 좋을 듯하다.

잘 알려진 사실은 아니지만, 데카르트는 성공한 투자자이기도 하다. 아버지가 죽은 뒤 그에게 물려준 땅을 처분해 현금을 마련한 뒤 이를 투자해 해마다 6,000~7,000프랑의 고정수입을 얻었다. 자본주의가 본격적으로 태동하기도 전에 그는 이미 투자를 통해 복리로 안정적인 수입을 확보하는 것의 중요성을 알고 있었다.

데카르트는 방법적 회의론의 대가답게 굉장히 겁이 많은 사람이었다. 그러니 인생을 한 방에 역전하겠다고 마음먹기보다, 꾸준히 장기적으로 성장하는 삶을 택했으리라. 버트런드 러셀Bertrand Russell은 데카르트가 방해받지 않고 자신의 연구를 계속하기를 진심으로 원했을 것이라고 해석했다. 하지만 데카르트는 생각하는 존재로서 항상 '의심하는 존재'였다는 것이 정확할 것이다.

데카르트식 투자법

그는 자신의 방법적 회의론을 완성하기 위해 의심할 수 있는 모든 것을 의심해보았다. 일단 그는 밤에 가운을 입고 불 옆에 앉아 있는 것을 의심해보았다. 이건 꿈일 수도 있고 정신질환자가 꾸는 환상일 수도 있다. 수학 공식처럼 의심할 수 없는 공리의 세계도 존재하는 것 아니냐고 데카르트에게 반문할 수 있겠지만, 어느 악마가 와서 틀린 공식을 맞다고 믿게 만들 수도 있지 않느냐고 데카르트는 답할 것이다. 교활하여 속이기 잘하는 악마가 나를 홀린다면, 당해낼 재간이 있겠느냐는 소리다.

그렇다면 육체는 존재하는 걸까? 육체 없이 뇌만 통 속에 연결된 채로, 그 통을 통해서 사물을 인식할 가능성이 '0'이 아니라는 것을 철학자들은 증명해냈다. 결국 세상 모든 것은 의

심할 수 있는데, 의심할 수 없는 것이 한 가지 남는다. 생각하는 존재로서의 나는 필연적으로 존재한다.

데카르트의 방법적 오류를 모든 투자의 순간에 적용한다면 결국 이 세상에서 투자할 대상은 없을 것이다. 완벽한 기업은 없을 테니 말이다. 어느 누구도 내가 산 주식이나 비트코인이나 NFT나 아파트가 내일 오를지 정확히 알려주지는 못한다.

하지만 지나친 회의는 투자에서 정말 중요한 확신을 갉아먹는 원인이 된다. 최후의 의심도 사라진 순간에 결정을 내리는 것이 가능하지 않을까? 문제는 그렇게 고민하는 순간에도 내 돈의 가치는 떨어지고 자산의 가치는 상승한다는 사실이다. 무엇보다 모든 인간이 데카르트처럼 합리적인 것은 아니기 때문에 보통의 우리에게는 아마도 불가능한 과제일 것이다.

물론 투자를 하기 전에 최소한의 회의는 거쳐야 한다. NFT 투자서에서 다음과 같은 탁월한 조언을 읽고 여기에 인용하고자 한다. "내가 이 작품을 소유한 마지막 사람이 될지라도 이 NFT를 소유할 것인가"라는 질문을 꼭 해보라는 것이다. 그 질문에 '그렇다'라고 답할 수 있다면 투자할 가치가 있다. 이는 NFT만이 아니라 주식, 비트코인, 부동산, 채권 등 모든 투자에 적용되는 진리가 아닐 수 없다.

칸트의 숭고함과
NFT의 미학을 잇는 연결고리

현대의 NFT에 기초를 제공한 칸트

18세기 산업혁명의 시작에는 영국의 경험론이 함께 있었다. 존 로크John Locke, 조지 버클리George Berkeley, 데이비드 흄 등이 그 대표적인 철학자들이다. 그러나 대륙에서는 이와 달리 주관론의 대가가 철학의 전통을 이어가고 있었다. 그는 숭고함과 아름다움을 바탕으로 특유의 미학 이론을 내세워 현대의 NFT에 기초를 제공한 칸트이다. 그는 경건한 기독교도로 성장했으나, 정치에 있어서나 신학에 있어서는 자유주의자였다. 찰리 멍거 부회장이나 《부의 인문학》의 저자 브라운스톤이 칸트의 추종자인 이유는 그의 자유주의 성향 때문이다. 그는 민주주의의 열렬한 지지자였다. 또한 인간이 자기 자신을 각자의 목적으로 삼을 수 있다고 보았다는 점에서 인권 지상주의자였다고 말할 수 있다.

'칸트' 하면 오성, 인과율, 정언명령, 선험적 인식론 등을 흔히 떠올릴 것이다. 그중에서도 NFT와 가장 연관성이 있는 것은 '미학 이론'일 것이다. 아름다움에 관한 칸트의 사상은 '순수한 아름다움'과 '부속적 아름다움'을 구별하는 것으로 완성된다. 우리가 일상에서 만나는 대부분의 아름다움은 인공적인 것으로 부속적인 아름다움에 속한다. 그러나 칸트에 따르면 순수한 아름다움을 경험하는 순간, 우리는 조금이나마 사회적 안정에서 벗어나 자아를 깨닫고 잠시나마 재현에서 벗어나 현존할 수 있다. 즉, 진정한 자신을 발견할 수 있다는 이야기다.

칸트는 자연의 아름다움이 예술의 아름다움보다 우월하다고 보았다. 실제로 자연을 완벽하게 모방한 예술 작품들이 감탄을 자아내는 것도 아마 그와 같은 맥락일 것이다.

NFT가 지향하는 세계도 칸트의 철학과 비슷한 측면이 있다. NFT를 소유한 사람들은 철저하게 주관적인 이유에서 구매했겠지만 그것이 메타버스를 통해 대중에게 공개될 때는 보편성을 확보한다. 결국 메타버스의 NFT는 대중들의 열광적인 반응을 얻을 때 더욱 가치가 치솟고 진가를 발휘하게 된다. 사람들이 NFT에 열광하고 구매하는 행위를, 칸트라면 아름다움과 자아를 찾는 인간의 본성으로 해석할 것이다.

칸트의 숭고함과 NFT의 미학

프랑스의 철학자 샤를 페팽Charles Pepin은 칸트의 미학에 대해서 다음과 같은 반론을 제기할 수 있다고 보았다.

"사람들의 취향은 각자 다르다. 아름다움에 모두가 한마음일 수는 없지 않은가?"

갈수록 현대미술의 복잡성을 닮아가는 NFT 아트를 바라보면, 칸트의 미학은 현실과 동떨어져 있다고 현재의 NFT 추종자들은 비판할 수도 있다. 하지만 칸트의 사상에서 생각해보면 "모든 예술은 그것을 그린 사람이나 소유하는 사람이나 감상하는 사람 모두가 한마음이기를 진심으로 바란다. 미적 감동은 인류가 화합할 수 있는 순간"이라고 답할 수 있을 것이다. NFT를 통해 타인과의 조화를 시도하고자 하는 노력까지 읽어낸다면 너무 지나친 해석일까?

그러나 NFT는 '시장'만큼 중요한 것이 바로 '커뮤니티'이다. NFT 커뮤니티에서 사람들은 화합하고 조화하고 싶은 본능적 욕구를 공유한다. 이들은 비싼 소유권이라는 대가를 치르고 자신만 감상하려는 독점욕을 불태우지 않는다. 이렇게 멋진 작품(NBA의 숏도 포함되므로 반드시 예술 작품만을 의미하지는 않는다)의 소유권을 내가 가지고 있지만, 이를 향유할 수 있는 권리를 네티즌들과 공유하겠다는 태도를 전제로 한다.

그런 점에서 NFT는 예술작품을 통해 화합의 체험을 누리고자 하는 칸트의 미학을 기본적으로 닮았다. 칸트에게서 미적 감동과 상호소통은 하나의 몸처럼 움직이는 바늘과 실이라 한다면, NFT가 추구하는 정신도 바로 정확히 이 지점에 있다.

칸트가 말한 숭고함은 NFT의 미학에서 어떤 의미를 가질까? 숭고한 대상은 근본적으로 모든 형식의 제한을 넘어선다. 그런 면에서 숭고함은 초월적인 신이나 죽음과도 비슷하다. 인간은 미적으로, 감정적으로 압도될 때 고유의 즐거움을 느낀다. NFT에 열광하고 이를 수집하려는 인간의 본성은 칸트가 숭고함으로 표현한 것과도 같은 것이 아닐까?

철학계의 슈퍼리치 쇼펜하우어,
그가 말하는 욕망과 권태

최고의 부자였던 비관주의 철학자

《마흔에 읽는 쇼펜하우어》는 왜 그렇게 한국에서 많이 판매됐을까? 그는 비관주의, 염세주의 철학자로 불리며 한때는 무시당하기도 했던 철학자이다. 쇼펜하우어는 칸트에서 시작해 그를 거쳐 니체로 이어지는 독일 철학사의 이단아이다. 금수저의 아들로 태어났지만 살아서는 인세도 거의 못 받았고 베를린대학교에서 받은 월급 외에는 유료 강연을 할 기회도 없었던 것으로 보인다.

그렇지만 그가 철학자 중에서 가장 부자였던 것은 사실이다. '인간은 끝없이 욕망하고, 욕망이 채워지면 권태를 느낀다'는 것이 쇼펜하우어 철학의 핵심적인 내용인데, 이는 욕망과 권태를 다 같이 느낀 사람만이 알 수 있는 감정일 것이다. 욕망은 인간인 이상 누구나 느끼겠지만, 권태는 그와 달라서 욕망이 이미 충족된 후에 느낄 수 있는 감정이다. 어찌 보면 쇼펜하우어는 금수저로 태어나 먹고 사는 문제로부터 이미 완전히 자유를 획득한 상황에서 더 노력할 이유를 찾지 못한 끝에 철학으로 방향을 틀었을 수도 있다.

그의 아버지가 물려준 재산은 운영하던 회사의 주식이었다고 전해진다. 그의 아버지 회사는 무역업과 단지히(폴란드와 독일 사이에 있던 자유 도시로, 히틀러가 폴란드를 침략한 이유가 된 곳이다)의 알짜배기 부동산을 확보한, 당시로서는 대기업이었다고 한다. 프로이센뿐 아니라 암스테르담에도 지사를 두고 있어서 당시 영국과 치열한 식민지 경쟁을 벌이던 네덜란드 정부와 기업들로부터 많은 이익을 취했다.

당시 시총을 지금 규모로 추산하면 최소 수억 달러는 되었을 것으로 추정된다. 그렇다면 쇼펜하우어가 물려받은 주식은 얼마나 되었을까? 정확하게 몇 퍼센트를 물려받았는지는 기록이 없지만, 수천만 달러는 되었으리라 짐작한다. 그 주식을 팔았다는 기록은 없으니, 쇼펜하우어는 배당소득만으로 평생을 먹고 살 정도가 되었을 것이다. 쇼펜하우어는 1848년에 사망했는데, 자손을 남기지 않았기 때문에 그 많은 재산은 그의 유일한 혈육인 9살 연하의 여동생과 조카들에게 돌아간 것으로 보인다.

슈퍼리치였던 쇼펜하우어처럼, 많은 부자들은 경제적 자유를 얻은 다음 권태를 막기 위해 의미를 찾는다. 그것이 바로 부를 지키는 일이기도 하다. 권태에서 벗어나고자 흥청망청 돈을 쓰는 사람들도 있다. 하지만 내가 가진 것을 지키기 위해 삶의 의미를 찾는 동안에는 권태가 찾아올 틈이 없다. 쇼펜하우어가 말한 '권태와의 싸움'은 사이토 다카시의 표현을 빌리자면 '지속력'이다. 쇼펜하우어가 말한, 세계를 움직이는 본질로서 의지의 힘은 바로 자신이 가진 것을 지키겠다는 의지의 표현으로 해석할 수 있다.

2부. 부자들은 철학에서 투자의 무기를 찾는다

니체의 '영겁회귀'가 맞다면
내일의 주가는 이미 결정돼 있다

수많은 추종자를 낳은 니체의 철학

서양철학자 중에서 현재 대한민국에서 가장 인기를 끌고 있는
철학자는 단연 프리드리히 니체일 것이다. 니체만큼 현대 사상
에 많은 영향을 극단적으로 미친 철학자도 없다. 그의 영향을
받은 대표적인 인물로는 인류 역사의 악당 히틀러가 있다. 니
체 본인은 반유대주의자가 아니었지만 그의 반이성주의가 히
틀러에게 영감의 원천이 된 것은 사실이다. 히틀러는 총리가

되자마자 니체 문서 보관소를 순례했다. 그 때문에 하버드대학교 스티븐 핑커Steven Pinker 심리학 교수는 니체를 '나치의 궁정 철학자'라 불렀으며, 다음과 같이 도발적인 발언을 하기도 했다.

"니체의 사상과 20세기 대량 학살의 관계는 여지없이 명백하다. 폭력과 권력을 찬양하고, 자유민주주의 제도를 열심히 파괴하고, 인류의 대부분을 경멸하고, 인간의 생명을 버러지처럼 취급했다."

그럼에도 불구하고 그의 철학은 너무도 매력적이다. 서양과 동양을 가리지 않고 니체의 팬들은 수없이 많으며, 유명한 소설가와 작가들만 해도 알베르 카뮈Albert Camus, 앙드레 지드Andre Gide, 토마스 만Thomas Mann, 유진 오닐Eugene Gladstone O'Neill, 윌리엄 예이츠William Butler Yeats, 조지 버나드 쇼George Bernard Shaw 등을 꼽을 수 있으며 프랑스의 철학자 미셸 푸코Michel Paul Foucault와 일본을 대표하는 철학자 시라토리 하루히코 등도 여기에 포함된다. 모호성과 상대성을 양대 축으로 하는 포스트모더니스트들은 모두 니체의 추종자들이라고 보아도 좋을 것이다.

생성과 소멸을 반복하는 영겁회귀

니체 철학의 핵심은 '초인'과 '권력에의 의지' 그리고 '영겁회귀'다. 이 중에서 투자자들이 관심을 기울여야 할 개념은 영겁회귀가 아닐까 한다. 니체는 《차라투스트라는 이렇게 말했다》에서 영겁회귀에 대해 이렇게 말한다.

> "오, 사람아! 너의 삶 전체는 마치 모래시계처럼 되풀이하여 다시 거꾸로 세워지고 몇 번이고 되풀이하여 또 끝날 것이다. ─ 네가 생겨난 모든 조건들이 세계의 순환 속에서 서로 다시 만날 때까지. (…) 인간 존재 전체의 모든 고리 속에는 항상 어떤 순간이 있는데 이것은 처음에는 단 한 사람에게, 그다음에는 많은 사람들에게, 그리고 결국 모든 사람에게 가장 강력한 생각, 즉 모든 것의 영원 회귀라는 사상이 떠오르는 순간이다. ─ 인류에게 이때는 매번 정오의 순간이 된다."

영겁회귀란 조로아스터교에서 말하는 우주의 진리로서, 이 우주와 우주의 모든 생명은 생성과 소멸의 과정에서 일어난 모든 일을 끝없이 반복하며 무한 반복된 삶을 살고 있다는 주장이다. 불교에서 말하는 전생의 개념에 따르면 하나의 영혼이라는 실체가 몸을 바꿔 계속해서 태어나되 태어날 때마다 전혀 다른 삶을 살지만(그러나 카르마 때문에 전생에 쌓은 업에 의해 현세가 제약을 받는다), 영겁회귀는 모든 게 똑같이 반복된다. 여기서 중요한 사실은 그 누구도 이 사실을 깨닫지 못하고 자유의지의 개입 없이, 일어난 일은 무한히 반복하여 그대로 다시 일어난다는 것이다.

2021년 최고의 인기를 누렸던 철학서《소크라테스 익스프레스》에는, 저자 에릭 와이너Eric Weiner가 니체의 영겁회귀 개념을 열두 살짜리 딸 소냐에게 설명하는 장면이 나온다. 소냐는 다음과 같이 정곡을 찌르는 답을 내놓는다.

"무슨 그런 소시오패스 같은 이야기가 다 있어. 생각해 봐. 내가 비참하게 연쇄살인마에게 도끼 살인을 당한 운명인데 이것이 무한 반복된다면, 그동안 아무리 즐거운 일이 있다 하더라도 내 비참한 죽음에 위로가 되지는 못할 거야."

어김없이 반복되는 자본주의의 역사

영겁회귀가 맞을지, 불교에서 말하는 전생이 맞을지, 혹은 죽은 뒤 모든 것이 무로 사라지는 유물론이 옳을지, 천국과 예수

님의 재림 후 최후의 심판이 있을지는 아무도 모른다. 다만, 영겁회귀의 관점에서 적용해볼 수 있는 한 가지는 '과거는 늘 반복된다'는 사실이다.

영겁회귀의 개념으로 보면 사실상 내일의 주가는 이미 결정된 것 아닐까? 그 정도는 아니더라도, 지금 우리가 겪는 경제 위기는 과거에 끝없이 반복된 공황과 호황의 연장선상에 있다는 생각이 든다. 세계적인 투자자 켄 피셔Kenneth Fisher는 이렇게 말했다. 사람들은 언제나 '이번에는 다를 것'이라고 말하지만, 결과는 늘 '이번에도 역시'라고 말이다. 자본주의에서 역사는 늘 비슷하게 반복된다는 주장이다. 소설가 마크 트웨인Mark Twain 역시 위기는 주기적으로 반복된다고 말했다. 다만 운율을 달리할 따름이다.

영겁회귀가 옳든 그렇지 않든, 과거의 데이터에서 현재의 흐름을 읽고 그로부터 교훈을 얻어내려는 기술적 분석은 아무 의미 없는 현대판 점성술은 결코 아니라고 생각한다. 팬데믹 위기는 과거에도 여러 차례 있었고 그때마다 인류는 위기를 겪으면서 발전해왔다. 페스트의 창궐 후 르네상스가 탄생했던 것이 그러한 역사의 일부였다. 코로나로 인한 폭락장에서 많은 투자의 구루들이 주식을 팔지 않고 오히려 새로운 투자의 기회로 삼았던 것을 보면, 과거를 통해 현재와 미래의 윤곽을 희미하게나마 그릴 수 있음을 알게 된다.

　니체의 영겁회귀는, 미래는 이미 결정되어 있다고 말한다. 그 삶을 이미 살아본 인간들이 그 사실을 전혀 모르면서 알려고 발버둥 치는 현실을 조소한다. 미래가 궁금한 사람들은 과거에서 힌트를 찾으려 하고 통찰력을 건네주는 책을 읽으려 한다. 물론 그중에는 니체의 책도 포함돼 있다. 니체의 책은 내일 어느 주식이 상승할지 알려주지는 않지만, 인간이 어떤 마음으로 내일을 맞이하고 세상을 살아야 하는지에 대한 실마리를 충분히 제공한다.

경제적 자유를 갈망하는
공리주의자들

자본주의와 공산주의가
공통으로 추구하는 하나의 가치

경험론과 함께 영국을 대표하는 철학 사조인 공리주의는 자본
주의와 공산주의 모두의 지적 토대가 되었다. '최대 다수의 최
대 행복'은 공리주의 철학을 제창한 제레미 벤담Jeremy Bentham
의 핵심 테제였으며, 자본주의와 공산주의가 공통으로 추구하
는 가치이기도 하다. 그러나 방법론은 두 진영이 서로 다르다.

자본주의는 자유를 통해, 공산주의는 평등을 통해 이 명제를 수행하려 했고 1990년 이후의 역사는 자본주의가 옳았음을 증명하고 있다. 노벨상 수상자인 경제학자 조지프 스티글리츠 Joseph E. Stiglitz는 자본주의가 성공한 것이 아니라 사회주의가 실패한 것이라고 주장하지만, 결과는 마찬가지다.

공리주의는 최대 다수의 최대 행복을 추구하는 동시에 행복을 함께 추구한다. 행복은 쾌락의 다른 말로 수량화할 수 있다. 행복의 반대말은 고통으로, 이 역시 수량화할 수 있다. 한 인간은 쾌락을 늘리고 고통을 줄이는 방향으로, 한 사회는 그 사회 구성원 전체의 행복 총량을 늘리고 불행은 줄이는 방향으로 나아가려 한다. 지금까지 나온 철학 중에서 가장 현실적인 철학이고 무엇보다 자본주의에 맞는 정신적 이념이라고 할 수 있다.

벤담에서 시작한 공리주의는 "배고픈 소크라테스가 배부른 돼지보다 낫다"라고 말한 존 스튜어트 밀John Stuart Mill을 거쳐, 점점 더 정신적인 쾌락과 행복을 추구하는 방향으로 진화했다. 하지만 공리주의는 결국 '행복의 철학'임은 분명하다. 이에 따르면 쾌락은 유일한 선이요, 고통은 유일한 악이다.

자본주의 세상에서
공리주의자로 살아가려면

여기서 문제는 인간의 욕망이 서로 충돌한다는 점이다. 누구나 강남의 아파트를 원하고 누구나 서울대에 가고 싶지만, 그 숫자는 한정돼 있다. 여기서 공리주의의 문제점이 부상한다. 결국 공리주의만으로는 부족해 윤리를 호출할 수밖에 없다. 최대 다수를 위한 욕망을 우선시하고, 개인적인 욕망을 그다음으로 추구하는 가운데 욕망의 우선순위를 사회적으로 설정할 수밖에 없다. 그런 점에서 공리주의는 자본주의에서 발전했지만, 내재적으로는 자본주의를 억누르고 공동체의 질서를 강조하는 전체주의로 치달을 여지 또한 있는 셈이다.

여기서 공리주의는 또다시 구원투수를 소환한다. 바로 진화론자 다윈Charles Robert Darwin이다. 다윈은 인간의 행복이 단순히 개인적인 이익 추구가 아니라, 사회적 관계와 상호작용을 통해 더욱 풍성해질 수 있다고 주장했다. 인간의 행복에 대해 한층 복잡하고도 균형 잡힌 시각을 제시한 것이다.

제레미 벤담과 존 스튜어트 밀, 그리고 찰스 다윈까지 공리주의가 우리에게 던져주는 메시지는 다음과 같다.

부자의 서재에는 반드시 인문학 책이 놓여 있다

"일단 경제적 자유를 찾아라. 그리고 여유가 있을 때 자기보다 약자를 도와라. 그러면 더욱더 행복해질 것이다."

돈 걱정 없이 여유롭게 살 수 있는 것이 곧 경제적 자유이며, 공리주의를 신봉하는 자본주의 세상에서는 이 덕목을 찬양한다. 돈이 절대적인 행복 그 자체인 사람도 있고 그렇지 않은 사람도 있겠지만, 적어도 돈은 환경적인 불행으로부터 우리를 구할 수 있다. 당장의 불편함과 곤란함으로부터 벗어나는 데는 돈이 무엇보다 필요하다. 김난도 교수는 나이 들어서 필요한 다섯 가지를 돈, 금전, 캐시, 현금, 그리고 '뭐니 뭐니 해도 머니'라고 뼈 있는 농담을 던졌다. 또한 트러스톤 자산운용 강창희 대표는 말하기를, 요즘 은퇴자를 위한 설명회에 20대가 부쩍 많이 늘었다면서 그들은 오래 사는 것, 특히 가진 돈보다 오래 사는 것을 본능적으로 두려워한다고 설명한다. 돈이 인간을 얼마나 불행하게 하는지를 20대부터 이미 안다는 이야기이다. 그런 점에서 보았을 때, 우리는 모두 싫든 좋든 공리주의자들이다.

조지 소로스의 투자 철학에서
부가 나아갈 길을 보다

투자의 신, 조지 소로스의 투자 철학

조지 소로스는 국제 금융시장에서 '투자의 신'으로 불리는 인물이자, 개인 자유와 민주주의를 옹호하는 철학자로 알려져 있다. 그의 사상에는 칼 포퍼의 저서《열린사회와 그 적들》의 영향이 깊이 녹아 있다. 소로스가 런던 정경대에 다닐 때 지도교수가 바로 칼 포퍼였다. 유대인인 그는 히틀러의 집권으로 오스트리아에서 영국으로 탈출한 뒤 히틀러가 죽고 독일이 민주

국가가 된 뒤에도 유럽으로 돌아가지 않고 영국에서 여생을 보냈다. 칼 포퍼는 히틀러의 독일이나 스탈린의 소련 같은 독재 사회를 '닫힌사회'로 규정하며 비판했다. 그로부터 사사한 소로스 역시 푸틴과 시진핑에 대해 강한 비판의 목소리를 내고 있다.

소로스는 투자 철학을 집대성한 저자이기도 한데 그의 견해를 잘 보여주는 것이 바로 '재귀성 이론'이다. 이 이론을 한마디로 요약하면, 돈을 비롯한 인류의 모든 것은 일정 주기를 두고 반복된다는 것이다. 대표적인 개념이 반복되는 '피드백 루프'이다. 우리의 생각과 행동은 서로 영향을 미치고, 이는 사회 시스템과 시장 변동에도 영향을 미친다. 긍정적 피드백 루프는 어떤 현상을 강화하는 반면, 부정적 피드백 루프는 그 현상을 약화시키는 방향으로 작용한다. 과거와 미래도 현재를 놓고 피드백 루프를 벌이기에 주기적으로 비슷한 현상이 일어난다.

소로스가 포퍼의 '열린사회' 개념에서 차용한 주요 내용은 다음과 같다.

1. 비선형적 사고: 열린사회는 다양한 관점과 사고방식을 존중하며, 이는 선형적 사고방식을 넘어서는 비선형적 사고를 가능

하게 한다. 소로스는 이러한 비선형적 사고방식을 통해 시장의 비합리성과 예측 불가능성을 이해하고, 이를 투자에 활용했다.

2. 자기 조절: 열린 사회는 다양한 피드백 루프를 통해 스스로 조절하고 발전하는 특징을 가지고 있다. 소로스는 이러한 자기 조절 메커니즘을 시장 분석에 적용하여 시장 변동을 예측하고 투자 전략을 수립했다.

3. 불확실성: 열린사회는 불확실성과 변화를 용인하며, 이는 끊임없는 학습과 성장을 가능하게 한다. 소로스는 자신의 투자 철학에 불확실성을 인정하고, 시장 상황에 대한 지속적인 학습과 변화를 통해 성공적인 투자를 이루었다.

4. 반성: 열린 사회는 비판적 사고와 반성을 통해 스스로 발전하는 특징을 가지고 있다. 소로스는 자신의 투자 경험을 끊임없이 반성하고 분석하여 투자 전략을 개선했다.

5. 윤리: 열린사회는 개인의 자유와 책임을 존중하는 윤리적 가치를 기반으로 한다. 소로스는 자신의 투자 활동에서 윤리적 책임을 강조하며, 지속 가능한 사회 발전에 기여하는 투자를 추구

했다.

통계학보다 철학에서 배우다

조지 소로스의 재귀성 이론을 살펴보면, 수학과 통계학보다는 철학에서 돈에 관한 지식과 지혜를 더 많이 배웠음을 알 수 있다. 조지 소로스는 같은 나이의 워런 버핏과 영원한 라이벌로 불린다. 재산은 버핏이 소로스보다 많지만, 소로스의 경우 84억 달러의 재산 외에 320억 달러의 기부금까지 포함하면 실제로는 버핏의 재산을 능가했을 것으로 보인다.

다만 소로스는 돈을 버는 과정에서 한 나라(영국)의 경제를 파멸시키기도 하고, 그 과정에서 수많은 사람들의 삶의 터전이 무너졌기 때문에 돈을 번 방법이 버핏보다 잔인했다고 할 수 있다. IMF 때 원화 하락에 전력을 기울였던 그 때문에 우리 국민들 또한 엄청난 피해를 입었다. '개같이 벌어서 정승같이 쓴다'는 속담이 잘 어울리는 사람이 바로 소로스이다. 소로스는 조국인 헝가리의 이민자들을 포함해 전 세계의 민주주의가 필요한 곳에 언제든 자금을 지원한다. '돈으로 민주주의를 지키는 중'이라고 해도 과언이 아니다. 확인된 바는 아니지만, 그는 시리아 내전에도 관여했고, 마케도니아 정부의 교체에도 힘을 실었으며, 반트럼프 시위대에게 지원금을 준 것으로도 알려져 있다. 때문에 튀르키예의 대통령 레제프 타이이프 에르도안은, 소로스가 자신을 축출하려고 튀르키예의 테러 조직을 지원한다며 '전 세계의 적'으로 묘사하면서 날 선 비판을 했다.

막대한 부를 이룬 이후 무엇을 향해 나아갈 것인가

조지 소로스는 런던대학에서 스승 칼 포퍼로부터 열린사회의 필요성, 즉 민주주의의 가치에 대해서 배운 후로 닫힌사회와 싸우는 데 자신이 평생 번 돈을 바치겠다고 일찍부터 다짐했다. 실제로 그는 헤지펀드 운용자가 된 후에도 과거의 배움을 잊지 않았다. 그는 현재 닫힌사회 중에서도 가장 힘이 센 권위주의 체제로, 중국 시진핑 정부를 지목하고 있다. 한 인터뷰에서는 '살아 있을 때 중국 공산당이 망하는 것을 꼭 보고 싶다'고 밝힌 적도 있다. 소로스가 중국 공산당과 시진핑에게 적대적인 것은 개인 숭배, 일체의 토론 금지 및 자유주의에 대한 공격, 신장, 위구르, 티베트 등 소수민족 탄압, 홍콩 억압, 대만을 향한 침공 협박 등 다양한 이유가 있다.

버핏이 거액의 돈을 빌앤멜린다게이츠재단에 기부함으로써 가난과 질병으로부터 사람들을 구제하고자 한다면, 소로스는 독재국가 국민들이 자유와 민주주의의 소중함을 깨닫도록 투자하는 중이다. 그는 민주주의와 시민교육을 전폭적으로 지지하며, 독재국가 아이들의 무상 교육을 지원하여 개인의 존엄성에 대해 배우도록 돕고 있다. 사회적으로 치러야 할 비용을 개인적으로 부담하는 노블레스 오블리주의 실천을 보며, 막대한 부를 형성한 이들이 그 후 무엇을 향해 나아갈 수 있는가를 목격하게 된다.

✽ 123 ✽
2부. 부자들은 철학에서 투자의 무기를 찾는다

'무의식의 아버지' 프로이트도
권하지 않을 '무의식 투자'

투자에서 심리학이 중요한 이유

투자는 철학도 중요하지만 심리학이 반드시 필요하다. '주식 투자는 멘탈이 전부'라는 말도 있지 않은가. 시중에는 주식 투자와 심리학을 연결한 책들이 제법 많다. 실제로 미국에는 심리학과 투자학을 접목한 '행동재무학'이라는 학문이 있을 정도로 투자자들은 심리학에 거는 기대가 크다.

인간의 정신과 심리를 이야기할 때 프로이트를 빼놓을 수 없다. 프로이트는 신경정신과 의사이기도 했지만, 본질적으로 심리학자이다. 빌헬름 분트$^{Wilhelm\ Wundt}$, 윌리엄 제임스$^{William\ James}$와 함께 현대 심리학이 발전하는 데 큰 기여를 했다.

프로이트가 심리학에 끼친 공헌은 한두 가지가 아니지만 무의식, 이드, 정신역동 이론이 투자 시장, 그중에서도 주식시장과 관계가 있다. 주식시장에서 개미들이 실패하는 가장 큰 이유는 '무의식적인 매매', 소위 '뇌동 매매' 때문이다. 남들 따라 부화뇌동하는 것이다. 프로이트는 무의식 속에 억압된 과거의 해결되지 않은 갈등이나 문제가 발현되어 한 사람의 현재 생각이나 행동에 영향을 미친다고 설명한다. 정확히 규명할 수 없는 무의식적 사고가 현재를 뒤흔드는 일은 주식시장에서도 비일비재하다. 더구나 자신의 뇌가 아닌, 남의 판단력에 의지하는 투자는 반드시 지양해야 할 매매 방법이다.

무의식의 존재 자체에 회의적인 뇌과학자도 있지만, 그 자체를 부인하기는 어려워 보인다. 뉴욕대학교 스턴경영대학원의 앨터$^{Adam\ Alter}$ 교수와 카네기멜런대학의 오펜하이머$^{Daniel\ Oppenheimer}$ 교수는 브랜드 이름이 실제 주식시장에 미치는 영향에 대해 연구를 진행했다. 일반적으로 브랜드 이름을 보고서 주식을 거래한다는 것은 납득하기 어렵다. 하지만 실험 결과,

사람들은 실제로 그런 경향이 있는 것으로 나타났다. 발음하기 쉬운 브랜드가 그렇지 않은 경우보다 투자 실적이 좋았던 것이다.

이 연구에서는 1990년부터 2004년까지 뉴욕증권거래소에서 주식거래를 시작한 89개 회사를 무작위로 선택해 연구했다. 그 결과 발음이 쉬운 브랜드는 과대 평가되고, 발음이 어려운 브랜드는 과소 평가되는 경향이 있는 것으로 분석되었다. 미국증권거래소NYSE의 조사에서도 같은 결과가 나타났다. 기업 이름을 숫자로 표시하는 우리나라 시장과 달리 미국은 알파벳으로 종목 코드를 표기하는데 이 종목 코드가 'KAR'처럼 발음하기 쉬운 회사의 경우, 'RDO'처럼 발음하기 어려운 회사보다 월등히 앞서는 결과를 보였다는 것이다.

발음하기 쉬운 사명의 브랜드들은 그 반대의 경우보다 상장 첫날 11.2퍼센트 더 높은 주가를 기록했다. 6개월 후 그 차이는 27퍼센트 이상으로 벌어졌고, 1년 후에는 그 차이가 33퍼센트를 넘었다. 이유는 간단하다. 인간의 무의식적인 정보처리 과정은 발음하기 쉬운 브랜드 이름들을 '친숙함'과 연결했고, 발음이 어려운 경우에는 '생소함'과 연결했던 것이다. '친숙'은 '안전'으로 이어졌고 '생소함'은 '위험'으로 연결되었다. 재무제표와 기업의 실적 보고서를 살펴보는 것보다, 이렇게 무의식적으로 투자하는 사람들이 미국뿐 아니라 우리나라에도 많다. 코로나 직후 외국인들이 신풍제약을 많이 사는 것을 보고, 신풍제지를 신풍제약의 자회사쯤으로 여기고 그냥 사들이던 개미투자자들도 있었다.

프로이트가 지금 세상에서 투자를 한다면

프로이트는 죽을 때까지 열심히 공부한 학자이자 학생이었다. 자신의 아이디어를 실제 임상 현장에 적용하면서 배운 내용을 죽을 때까지 개선해나갔다. 주로 신경증의 기원, 아동기의 애착, 심리적 방어기제 등의 분야에서 업적을 남겼지만 말년에는 그가 환상이라고 폄훼하던 종교에 관심을 갖기 시작했고 문명이 갈등을 빚는 이유를 탐구하기도 했다.

만약 프로이트가 투자를 했다면 정말 잘했을 것이라는 생각을 해본다. 새로운 분야에 대해 끊임없이 공부하고, 새로운 산업과 기업들을 계속 연구하는 투자자 되지 않았을까. 타인의 의견이나 무의식에 운을 맡기는 투자는 '무의식'의 개념을 도입한 프로이트라도 결코 권하지 않았으리라.

행동경제학이 말하는
투자자가 피해야 할 오류들

모든 주식 투자는 실패하도록 설계되어 있다

주식 전문가들은 입을 모아 말하기를, 주식 투자는 실패하도록 설계되어 있다고 한다. 인간은 각종 오류와 편향에 의해 지배 받기 때문이다. 주식을 하는 모든 사람들이 돈을 버는 일은 실제로 일어날 수가 없다. 그러려면 자본주의가 매년 엄청난 성장률을 달성해야 하는데, 지구라는 유한한 자원으로는 그것이 불가능하기 때문이다.

특히 2022년처럼 국장(국내 주식)과 미국장이 모두 힘들었던 시기에는 시장에서 잠시 벗어나 있는 것이 어떨까 하는 생각을 절로 하게 된다. 그럴 때는 주식 책이 아니라 주식시장에 참여하는 인간의 심리에 관한 책을 읽어볼 것을 권한다. 그런 학문이 따로 있으니, 바로 행동경제학이다. 행동경제학의 창시자인 대니얼 커너먼Daniel Kahneman 외에도, 커너먼에 이어 두 번째로 노벨 경제학상을 받은 행동경제학자 리처드 탈러 Richard H.Thaler의 이론을 소개해보고자 한다.

행동경제학이나 행동재무학에서는 인간이 투자에 실패하는 이유가 잘못된 생각을 바꾸기 어렵기 때문이라고 설명한다. 탈러는 이렇게 말한다.

"삶에서 중요하고 심각한 문제는 물론, 아침 메뉴처럼 사소한 문제까지 사람들의 생각을 바꾸기란 결코 쉽지 않다."

사실 주식시장에 처음 발을 디딘 사람들이 저지르는 실수는, 초보라서 그렇기보다 인간의 본성 때문인 경우가 많다. 그 중에서도 가장 많이 저지르는 실수는 손실은 길게, 이익은 짧게 가져가고자 하는 오류 때문에 발생한다.

주식이 떨어지면 본전에 대한 아쉬움(매몰 비용이라고도 한다) 때문에 '언젠가는 오르겠지'라면서 손절매 원칙을 잊고 그냥 버틴다. 하지만 주식으로 돈을 버는 사람들은 자신만의 손절매 원칙을 지킨다. 주식으로 수천억 원의 자산가가 된 지인 역시 '7퍼센트 하락 시 매도'라는 원칙을 철저히 지켜서 더 큰 손해를 막는다고 한다. 그러나 보통 사람들은 손실을 확정 짓는 것을 두려워해서 계속 떨어지는 주식을 가지고 간다. 물론 언젠가는 오를 거라는 희망이 현실이 될 수도 있지만, 떨어지는 주식에는 다 이유가 있는 법이다.

또 많은 경우에, 사람들은 주식으로 이익을 보면 '드디어 수익을 냈다'며 바로 팔아 치우곤 한다. 주식시장에서 성공하려면 손실은 짧게, 이익은 길게 가지고 가야 하는데 사실 대부분의 투자자는 반대의 행동 패턴을 보이는 것이다.

행동경제학에서 말하는 투자의 오류들

행동경제학의 가장 위대한 공헌은 '전망 이론'으로, 이 이론은 인간의 본능적인 손실 회피 성향을 잘 보여준다. 노벨상을 처음 수상한 대니얼 카너먼과 아모스 트버스키Amos Tversky(심리 통계학자로, 노벨상을 받기 직전에 사망해서 아쉽게도 수상은 하지 못했다)는 사람들이 손실 상황에서 위험을 추구하는 성향이 있다는 전망 이론을 기반으로 이런 현상을 설명했다. 리처드 탈러는 말한다.

"여기에서 우리가 반드시 기억해야 할 사실은, 정상적인 위험 회피 성향의 사람이라 할지라도 큰 손실로 압박에 시달릴 때, 만회할 기미가 있다면 극단적인 위험을 감수하려 들 수 있다는 것이다."

떨어져도 팔지 못하고 오를 때를 기다리다 휴지 조각이 되어버리는 경우도 허다하다. 2022년 1월 말에 결국 상장폐지 될 뻔했던 신라젠 주식처럼 말이다. 미국의 투자자들도 예외는 아니다. 미국은 주가가 1달러 이하로 일정 기간 떨어지면 상폐가 된다. 그러면 주식은 돈이 아니라 그야말로 휴지 조각이 되고 만다.

사람들이 막판의 기적, 9회 말 투아웃에 만루 홈런 한 방으로 역전을 꿈꾸는 이유 역시 행동심리학에서 말하는 오류로 설명할 수 있다. 바로 '피크 엔드 효과' 때문이다. 사람들은 전체적인 감정보다는 마지막에 느낀 감정을 가장 중요시 여긴다. 전체적으로 고통을 받은 시간이 더 길지만 마지막에는 고통이 점차 사그라드는 경우, 그리고 전체적인 고통의 시간은 짧지만 막판에 고통이 상승하는 경우가 있다면 앞의 상황이

덜 고통스럽게 느껴지는 것이다. 주식시장에서도 사람들이 막판 역전승을 꿈꾸는 이유가 바로 이 때문이다.

행동경제학의 시각에서 인간들이 주식 투자에 실패하는 이유를 또 한 가지 꼽자면 바로 '지나치게 잦은 매매'다. 펀드 수익률이 좋은 펀드매니저들은 주식을 자주 팔고 사지 않는다. 회전율이 낮을수록 수익률은 높아진다. 인과관계를 따지자면 높은 수익률은 결과이고, 원인은 낮은 회전률이다. 그런데 일반적인 투자자는 반대로 행동한다. 수시로 주가 창을 보면서 사고파는 과정을 빈번히 반복한다. 그때마다 수수료와 우리나라 같은 경우는 거래세가 나가기 때문에 증권사와 정부만 좋은 일을 시킨다.

탈러는 이렇게 꼬집어 말한다.

"인간들에게는 아인슈타인의 두뇌는 물론이거니와, 금욕적인 불교 수도승의 자기 통제력 또한 없다."

아인슈타인 같은 천재성이 없다면 수도승 같은 금욕적인 자세, 즉 자기 통제력만큼은 주식 투자에 필수적이다.

마지막으로 소개하고픈 오류는 사람들이 자신의 능력을 과대평가한다는 것이다. 자신은 주식을 언제 사고 팔아야 할지, 즉 저점과 고점을 안다고 착각하는 것이다. 그러나 버핏도 인정하듯이 이것은 신이 아닌 이상 불가능하다. 주식 리딩방이 사기꾼이라고 지탄받는 이유는 사야 할 종목을 알려주고 팔 시점도 알려준다는 말로 투자자들을 현혹하기 때문이다. 탈러에 따르면, 타이밍을 통해 돈을 벌려는 투자자들이 성공을 거두는 경우는 거의 없다. 성공한 펀드매니저들도 그것은 불가능한 신의 영역이라고 인정한다.

주식의 심리학, 행동금융학, 행동재무학에 관련해서는 하고 싶은 이야기가 더 많지만 이쯤에서 접기로 하고, 이제 '부자의 서재' 다음 책꽂이인 '역사' 코너로 넘어가려 한다.

LOGICS

ECONOMICS

PSYCHOLOGY

ESG

3부

부자들은 역사에서
돈에 대한
투쟁을 읽는다

중세 전쟁학자 유발 하라리에
열광하는 이유

부자들의 독서 모임에서 가장 많이 인용되는 책

기업 오너나 IT 업계 CEO들이 한 달에 한 번 정도 가지는 조찬 모임과 독서 모임이 있다. 강사를 초청해서 강연을 듣는데, 이때 재테크 강사를 초빙하지 않고 역사 강사를 주로 초빙한다. 그리고 역사 강의에서 가장 많이 인용하는 작가는 이스라엘의 역사학 교수 유발 하라리이다.

유발 하라리는 저서 《사피엔스》에서, 나약하고 왜소한 인간이 세상의 지배자가 된 이유는 농업혁명으로 시작된 혁명의 연속이었다고 설명한다. 그의 주장 가운데 일부는 논쟁과 공격을 불러일으키기도 한다. 대표적인 것이, 4차 산업혁명 시대는 인공지능 때문에 수학자와 과학자들의 할 일이 사라질 것이므로 앞으로는 인문학을 해야 먹고 살 수 있다는 주장이다. 여기에 대해 많은 수학자와 과학자들이 반발하고 나서서 하라리를 공격했다. 인공지능에 대해서 상식 정도만 갖춘 역사 전공자가 잘 모르는 분야에 주제넘은 발언을 했다는 것이다. 알다시피 그의 전공은 중세 유럽의 전쟁사다.

하지만 하라리가 인공지능이나 빅데이터에 대해서 잘 모르기 때문에 그런 발언을 했다고는 생각하지 않는다. 그는 역사를 전공한 사람이지만, 그의 방대한 지식과 섭렵적인 자세를 볼 때 인공지능, 딥 러닝, 머신러닝, 지도학습과 비지도학습의 차이 등을 충분히 알고 있었을 것이다.

아마도 그는 자신의 관점에서 생각하는 진실을 솔직하게 전달한 것이리라 생각한다. 실제로 그는 굉장히 솔직한 태도로 유명하다. 자신이 소속돼 있는 유대교와 유대인 집단이 편협하며 과대망상증에 사로잡힌 집단이라고 거침없이 지적한 것만 봐도 그의 성향을 알 수 있다.

유대인인 그가 유대인을 오래도록 박해했던 기독교나, 현재 철천지원수나 다름없는 이슬람교보다도 자신의 종교인 유대교를 비판하는 이유는 뭘까? 그는 진영 논리나 민족 논리 위에 결코 서지 않는다. 이스라엘인 유발 하라리가 아니라 개인으로서 유발 하라리의 생각이 그의 논리의 시작과 끝일 뿐이다. 심지어 그는 "실제로 민족이 고통을 느낄 수 있을까?"라고 반문한 후 "민족은 은유일 뿐"이라고 일갈한 적도 있다.

부자의 서재에 유발 하라리가 놓이는 이유

민족적 정체성을 부정하고 개인적 정체성만을 인정했던 빅터 프랭클Viktor Frankl처럼 그 역시 민족에 큰 의미를 부여하는 것에 반대한다. 그가 파시즘에 반대하고, 현재의 체세 중 파시즘에 가장 가까운 러시아 민족주의를 비판하는 것도 그 때문이다. 파시즘은 민족을 극단적으로 우상화하는 사상이다. 히틀러의 독일이 그랬고 현재 푸틴의 러시아가 그렇듯 결국은 민족의 지도자를 우상화하는 개인 숭배로 치달을 수밖에 없다는 것이다. 유발 하라리는 여기에 대해 이렇게 일침을 가한다.

"그들의 희생이 영원한 우리 민족의 순수함을 구현할 것이라는 말을 지도자가 상습적으로 해대는 나라에 살고 있다면 각오해야 한다. 정신을 온전히 보존하려면 그런 지도자의 주문은 늘 현실의 용어로 바꿔 이해해야 한다. 즉, '병사는 고뇌 속에서 울고, 여성은 얻어맞고 야만적인 취급을 당하며, 아이는 두려움 속에서 떨게 될 것'이라는 뜻으로 말이다."

유발 하라리가 수많은 대중과 부자들의 서재에서 환영받는 이유는 이러한 솔직함 외에도 풍부한 표현력 때문이다. 가장 최근에 발표한 《21세기를 위한 21가지 제언》을 보자. 이 책은 21개의 키워드가 꼬리에 꼬리를 물고 이어지는 구성 덕분에 물 흐르듯 자연스럽게 넘어가지만 그의 찬란한 수사, 놀라운 문학적 비유가 아니었다면 이처럼 가독성이 높지 않았을 것이다. 예를 들어 그는 셰익스피어가 햄릿을 썼다고 말하지 않는다. "셰익스피어는 햄릿이라는 제목으로, 더 유명한 자기 나름의 '라이온 킹'을 썼다"고 표현한다. 다르마의 길을 따르는 것이 낫다는 주장을 펼칠 때는 이렇게 비유한다. "세탁부의 길을 충실히 따르는 세탁부가 왕자의 길에서 벗어나 방황하는 왕자보다 훨씬 낫다."

그에게는 또 한 가지 엄청난 무기가 있다. 박학한 지식과 박람강기博覽強記에서 비롯된 수많은 사례들로 자신의 주장을 적재적소에 배치하는 논리성이다. 영화, 역사, 종교, 과학, 문학, 예술 등 분야를 가리지 않고 다양한 사례를 망라하는 그의 능력은, 시대를 넘어 언제나 매력적이고 누구에게나 절실한 자질일 것이다.

전쟁의 역사에서
세계 질서의 흐름을 읽다

새로운 시장과 투자의 기회, 전쟁

《문명과 전쟁》의 저자 아자 가트$^{Azar Gat}$도 부자의 서재에서 흔히 만날 수 있는 역사 작가다. 인류의 역사가 재물을 더 얻기 위한 투쟁의 기록이라고 본다면, 부자들이 전쟁의 역사에 관심을 보이는 것도 충분히 이해할 만한 일이다.

실제로 전쟁은 새로운 시장과 투자 기회를 창출한다. 무기 제조, 군수품 공급, 재건 사업 등 다양한 분야에서 새로운 기회를 찾아 이익을 얻은 사람들이 반드시 있었다. '전쟁이 나면 무조건 주식을 사라'는 주식시장의 명언도 있는 것처럼, 일부 부자들은 전쟁으로 인해 발생하는 불안정성과 혼란 속에서 저렴한 자산을 매수하거나 시장 변동성을 이용하여 이익을 얻는 투자 전략을 사용하기도 한다.

역사적으로 보면, 일부 부자들은 전쟁을 통해 정치적 영향력을 행사하고 자신들의 경제적 이익을 보호하기 위해 노력하는 방식으로 전쟁을 이용했다. 내부의 부자들에게 쏠릴 가난한 사람들의 불만과 증오가 외부의 적으로 향할 때, 부자들은 그 권력을 지킬 수 있다.

번식하고 생존하기 위한 필연적 경쟁

아자 가트는 텔아비브대학 교수로, 유발 하라리보다 17살이 많은데, 그 역시 유발 하라리처럼 특수부대 출신이다. 알다시피 이스라엘은 언제든 전쟁이 터질 수 있는 병영국가라서 국민 모두가 군사 전문가 수준이며, 남자든 여자든 기업가든 교수든 예외가 없다.

이스라엘의 지식인, 특히 역사가들은 전쟁에 관심이 많을 수밖에 없다. 하라리도 중세 전쟁사를 주제로 박사 학위 논문을 썼으며, 카트는 역사 교수이면서 이스라엘 정부의 군사고문으로 활동하고 있다. 이 책《문명과 전쟁》은 '인간은 왜 싸우는가'에 대한 인류학과 진화심리학의 콜라보이다. 데이비드 버스David Buss의《욕망의 진화》가 인간의 진화를 '자원을 더 차지하기 위한 남녀 간의 짝짓기 전략'으로 규정했듯이 아자 가트는 전쟁을, 자원이 필연적으로 부족한 상황에서 더욱 힘겨워지는 증식의 조건 아래 번식하고 생존하기 위해 벌이는 경쟁으로 이해한다.

'자연 상태에서 인간은 천국이었을 것'이라는 루소Jean-Jacques Rousseau의 주장에 대해서는 "웃기지 말라"고 한마디로 일축한다. 그는 수많은 역사적 사실과 화석, 그리고 문명화가 되지 않은 뉴기니나 북오스트렐리아 등의 원주민들의 삶을 분석해 인간의 자연 상태는 루소보다 홉스Thomas Hobbes가 주장한 '만인의 만인에 대한 투쟁' 상태에 가깝다고 단언한다. 전쟁은 결코 국가나 인간 문명의 발명품이 아니라는 것이다.

그에 따르면 자연 상태의 성인들 가운데 폭력과 연관된 사망 비율이 약 15퍼센트이며, 남성의 경우는 25퍼센트라고 한다. 남성 20명 중 4명은 살해됐다는 이야기다. 미국 질병통제예방센터CDC의 최신 범죄 통계 데이터에 따르면, 2022년 미국에서 성인 남성 10만 명당 12명이 피살되었다고 한다. 100명 중에 0.012명이 한 해 피살된다는 이야기이고, 미국처럼 살인률이 높은 나라도 원시 시대에 비하면 남에게 피살될 확률은 20분의 1이라는 뜻이다. 선사 시대 인류의 평균 연령이 20대가 되지 않는다는 사실을 고려하면, 현재의 인류는 그때보다 80배 정도 안전한 환경에서 살고 있다는 소리가 될 것이다. 인류의 진화와 함께 전쟁도 진화하고 발전한 것 같지만 제2차 세계대전 이후에 전 지구적 전쟁은 더 이상 일어나지 않고 있다. 물론 그 이유는 핵무기 때문이라는 것을 가트 교수도 잘 알고 있다.

저자는 훈족의 아틸라 왕, 스파르타의 레오니다스 1세, 로마의 스키피오 장군, 몽골 제국의 칭기즈칸, 나폴레옹, 히틀러 등 역사에 이름을 날린 전쟁 영웅들의 전략과 전술을 흥미롭게 분석하되 문명이라는 큰 흐름 속에서 전망한다. 재미있는 사실은 스파르타가 그렇게 강했을 때도 정규군은 1만 명이 넘지 않았으며, 중세 유럽을 공포에 떨게 했던 훈족 아틸라 왕의 군대 역시 기마병 5만 명 정도의 규모였다고 한다. 이들 기마민족의 기동성과 전술은 로마에 큰 위협이 되었다. 로마는 사람이 아니라, 말 때문에 멸망한 셈이다.

❉ 144 ❉
부자의 서재에는 반드시 인문학 책이 놓여 있다

아시아의 유목민인 훈족과 몽골족의 두 차례 유럽 침략은 결국 끝까지 가지 못하고 헝가리에서 멈췄다. 저자에 따르면 그 이유는 유럽의 특이한 지형 때문이라고 한다. 훈족과 몽골족에게는 수많은 말들을 묶어놓을 공간이 필요했는데, 유럽의 경우 헝가리 평원 정도가 고작이었던 것이다. 유럽의 바위투성이 지형이 유목민의 유럽 완전 정복을 막은 셈이다.

그렇게 동양의 유목민들에게도 위협당하던 유럽의 군사력이 우위를 차지하게 된 것은 근대 이후의 일이다. 저자에 따르면 세 가지 요소가 유럽의 승리를 보장했다. 화기, 대양 항해, 인쇄술이 바로 그것이다. 이 중에서 가장 중요한, 유럽의 기적을 일궈낸 진짜 엔진은 바로 대양 향해였다. 대양을 통해 대륙들을 연결함으로써 유럽 무역 체제가 확립된 것이다. 두 차례의 세계대선과 동유럽을 지배하던 소련의 몰락으로 서구의 민주주의 진영은 피 흘리지 않고도 승리를 거두었다.

세계 질서의 변화를 감지하다

아자 가트가 이 책을 쓰던 기간은 2005년 무렵이었는데, 아마도 그는 세계 질서가 바뀌는 것을 감지했던 듯하다. 떠오르는 중국 때문에 미국과 중국의 갈등이 커질 것이고, 러시아의 푸틴이 어느 한쪽(당연히 약자인 중국)에 가세하면 자유주의 국가와는 다른 권위주의 국가 연대가 생겨날 것이라고 그는 예상했다. 즉, 군사력 2위와 3위에 해당하는 중국과 러시아의 연합으로 인해, 언젠가는 미국 단독의 힘으로 막지 못할 순간이 올 것이라고 그는 예상하고 있다.

동아시아 갈등의 궁극적인 원인도 여기에 있을지 모른다. 아시아에서 미국의 힘은 갈수록 줄어들고 중국과 러시아는 갈수록 가까워지면서 힘의 판도가 바뀌고 있다. 동아시아 권력 구조가 재편되고 있는 것이다. 지금은 피를 부르는 전쟁이 아닌 경제 전쟁만 진행되고 있지만 저자에 따르면 초대형 전쟁으로 격화될 가능성은 갈수록 높아질 것이다.

과거처럼 미국의 힘이 일방적으로 우세할 때는 전쟁이 일어나지 않았지만, 비슷해지거나 역전되는 순간 권위주의 체제가 전쟁을 중요한 선택지로 꼽을 가능성은 얼마든 있다. 그에 비해 자유민주주의 진영의 위상은 날이 갈수록 줄어드는 형국이다. 핵 보유국인 영국과 프랑스, 부를 상징하는 국가였던 독일도 예전과 같은 힘을 자랑하지 못한다. 저자는 지금의 유럽을 이렇게 설명한다.

"유럽 사회들은 쾌락주의적이고 노쇠해가는 중이고 타락했으며, 제2차 세계대전 이후 미국의 권력 덕분에 안전해진 '바보의 낙원'에서 살아가고 있다. 이들은 외부의 위험 요소를 차단할 수 있기를, 혹은 더 나쁘게도 그 요소들을 미국 쪽으로 돌릴 수 있기를 바라고 있다."

그에 따르면 유럽은 노쇠한 바보이며, 오직 미국에만 기대는 늙은 조상의 나라(미국 입장에서)다. 미국이 먹여 살릴 인구와 국가가 너무 많은 건 아닌지, 이들 국가 때문에 미국의 경쟁력도 함께 추락하는 것은 아닌지 아자 가트의 말에 귀를 기울이게 된다.

서구의 부가 피어난
고대 그리스와 로마 이야기

과학과 경제의 시조였던 그리스 철학자들

부자의 서재 한쪽을 오래 지키는 책으로 '그리스 로마 신화'를 빼놓을 수 없다. 부자들의 독서 모임에서 그리스 로마 신화 전문가인 서울대 김현 교수의 책은 단골로 읽히고, 저자 강연도 활발하게 진행된다. 그리스 로마 신화는 단순한 허구적 이야기가 아닌, 과학과 현대 경제의 씨앗이 담겨 있는 보고라고 믿기 때문이다.

과학의 시조는 그리스 철학자들이다. 알렉산더 대왕의 스승 아리스토텔레스는 논리학, 생물학, 물리학의 창시자였으며 그의 체계적인 사고방식과 경험적 관찰에 기반한 연구는 과학 발전의 토대를 마련했다. 동물의 해부에 처음으로 도전한 이 역시 아리스토텔레스였다.

또한 고대 그리스 철학자 피타고라스는 수학과 음악의 관계를 연구했으며, 그의 수학적 사고방식은 물리학, 천문학 등 다양한 분야의 발전에 영향을 미쳤다. 의학의 아버지 히포크라테스도 빼놓을 수 없다. 그가 환자를 관찰한 방식과 경험적 치료법은 현대 의학의 발전에 근본적인 토양을 마련했다.

화학의 원조는 데모크리토스다. 그는 만물의 근원이 원자임을 현미경이 발견되기도 전에 알아냈던 천재 과학자이자 철학자다. 망막이란 개념이 생기기도 전에 그는 인간의 시각과 인식이 어떻게 이루어지는지 대략적으로 파악하고 있었다. 목욕탕에 들어가는 순간 넘치는 물을 보고 '유레카'를 외친 아르키메데스는 어떤가? 진위를 판명한다는 관념이 탄생하지 못했다면 산업사회의 성립 자체가 불가능했을지도 모른다.

많은 부자들이 관심을 갖는 선물 옵션의 시작은 고대 그리스의 철학자 탈레스였다. 탈레스는 천문학에 능통했는데 하늘을 관측해 그해의 올리브 수확량을 예측했다. 당시 올리브기름

압착기가 매우 부족했기 때문에, 수확기에 가까워질수록 임대료가 급등할 것이라고 그는 예상했다. 탈레스는 올리브 흉년이 들었을 때 압착기를 저렴한 가격에 미리 사들였고, 이듬해에 풍년이 들어 수확기가 다가오자 비싼 가격으로 사람들에게 임대했다. 선물 옵션으로 큰돈을 버는 원리를 이미 2,500년 전에 적용한 것이다.

그리스의 철학과
로마의 기술이 만났을 때

1990년대 한국 부자들의 서재에 이 사람의 책만큼은 반드시 놓여 있었을 것이다. 바로 《로마인 이야기》를 쓴 시오노 나나미이다.

로마는 알렉산더 대왕에 이어 세계에서 두 번째로 제국을 수립했던 나라다. 《로마인 이야기》에서 특히 많은 독자들의 관심을 끈 부분은 로마의 기술적 발전이었다. 로마는 뛰어난 수로 건축 기술을 통해 넓은 영토에 물을 공급했다. 이는 농업 생산성을 향상시키고, 도시 발전에도 크게 기여했다. 수도 로마에는 11개의 수로가 있었으며, 총 길이는 약 870킬로미터에 달했다.

노예제를 통해 대규모 농장 경영을 가능하게 한 이들도 로마인이었다. 덕분에 식량 생산량이 증대되었고, 경제가 크게 발전할 수 있었다. 이에 따라 효율적인 생산 체계가 구축되고 막대한 이윤을 창출하게 되면서, 영국이 자본주의를 창조하는 데도 근본적인 영향을 미쳤다. 그리스 철학자들의 과학적이고 논리적인 사고방식이 로마인의 실용적인 사고와 만나 인류 문명의 획기적인 전환점을 제공한 것이다.

《로마인 이야기》에서 가장 흥미롭게 다루는 포에니 전쟁에 대해서는, 읽는 사람마다 관점이 다를 것이다. 물론 페르시아와 그리스 간의 대결도 패권 전쟁으로 볼 수 있지만, 진정한 패권 전쟁의 서막은 로마와 카르타고가 지중해 패권을 놓고 펼친 세 번의 대전쟁이었다. 부의 관점에서 보자면, 전쟁이 절대 명분이나 민족주의 등 정치적 요인으로 일어나는 것이 아니라 경제적 이윤을 놓고 벌어지는 충돌임을 알게 된다. 전쟁의 시작 자체가 시칠리섬의 풍부한 농산물과 광물 자원을 놓고 벌어진 갈등에서 비롯되었다. 로마 제국이 부국이 되고 로마 시민이 부자가 된 이유도 이 전쟁에서 승리하면서 노예 시장이 활성화된 덕분이다. 물론 부작용도 있었다. 노동에서 자유로워진 로마 시민들이 무료한 생활을 달래기 위해 콜로세움에서

검투사들이 죽고 죽이는 장면을 보며 열광하던 시기, 로마는 서서히 멸망의 길을 걷기 시작했다.

자녀들에게 부의 관점을 키워주고 싶다면, 그리스 철학과 로마의 기술에 관한 책만큼은 꼭 권해주었으면 한다. 이 둘이 없었다면 서구의 부는 존재할 수 없었을 테니 말이다.

중국인들이 유비보다
관우를 더 좋아하는 이유

알 수 없어서 더 알고 싶은 나라

부의 관점과 통찰력을 키우기 위해 알아야 할 또 하나의 나라가 바로 중국이다. 그리고 중국과 중국인을 이해하려면 이 책을 읽어야 한다. 바로 《삼국지》이다. 중국인들은 겉도 돈이고 속도 돈이라고들 한다. 세상 그 어느 나라보다도 돈을 추구하는 나라가 사회주의 체제를 택했다는 사실은 한편으로 놀라운 역설일 것이다.

우리는 중국을 유교의 나라, 충과 효의 나라로 알고 있지만 그 역사를 들여다보면 겉모습과는 다른 일면을 확인하게 된다. 중국은 우리보다 훨씬 더 빈번하게 왕조가 교체되었다. 통일 왕조만 모두 열한 번이고, 분열된 시기까지 치면 중국에 몇 개 국가가 존재했는지 세기가 힘들 정도다. 또한 자기 민족이 아닌 이민족이 나라를 다스릴 때 적극 투항해 입신양명을 추구하는 이들이 숱했다. 그랬기에 사회주의와 가장 거리가 먼 민족성을 지니고도 아시아에서 처음으로 사회주의가 실현된 것이 아닐까 한다. 물극필반物極必反이라는 주역의 설명처럼, 지나치면 항상 반대의 방향으로 가게 되어 있다.

중국에 번지는 관우의 열기

이러한 중국에서 《삼국지》 관우에 대한 열기가 다시 번지고 있다. 관우는 탁월한 영웅이자 충신이다. 그런데 현재의 중국인들이 관우에 열광하는 것은 의리나 충심 때문이 아니다. 바로 관우가 재물의 신이기 때문이다. 실제로 관우는 중국의 월스트리트라고 불리는 산시성 출신이다. 그래서 돈을 신처럼 모시는 중국인들에게 관우가 재물신이 된 것이 아닌가 추측된다.

실제로 전 중국을 떠돌며 물건을 팔던 산시성 상인들이 동향인으로서 정체성을 강조하기 위해 자신들의 조상 중에서도 관우에 대한 제사를 지냈다고 한다. 사실《삼국지》에 나타난 관우는 물욕과는 거리가 먼 인물이다. 관우는 조조에게 생포된 후 조조를 위해 전투를 치르고 적의 머리를 가지고서 돌아왔다. 그는 자신의 주인이자 형인 유비(나이는 관우가 많았다)에게 돌아가기 위해, 전쟁의 공로로 받은 막대한 하사품과 돈을 모두 남겨두고 촉나라로 달려갔다.

그런 관우에게 제사를 지내면서 산시성의 상인들은 돈을 더 많이 벌게 해달라고 빌었을 것이다. 이를 다른 지역 사람들이 따라 하면서 관우가 본의 아니게 재물의 신이 되어버린 것이다.《삼국지》인물 가운데 죽어서 신이 된 사람은 관우밖에 없을 것이다.

중국의 전통을 '봉건'이라는 명목으로 자본주의 못지않게 공격했던 마오쩌둥 시기가 지나고, 덩샤오핑이 개혁·개방 노선을 택하면서 중국인들은 관우 신을 다시 숭배하기 시작했다. 시진핑은 지금의 중국을 어떻게 다스리려 할까? 사회주의는 마르크스가 생각했던 것과는 조금 다르게 중국에서 토착화됐다. 과거 중국 황제들이 도가의 도사들이나 불교의 승려들에게 벼슬을 내려 자신의 신하로 격하시키면서 정경 분리를 깨고 정경일치를 추구하려 했던 것처럼, 시진핑은 중국인의 재물 숭배와 공산당 독재라는 사실상 공통점이 없는 두 요소를 묶어서 이것 역시 중국이라는 식으로 선전하고 있다. 중국은 참으로 묘한 나라다. 아무리 이질적이고 모순적인 것도 '중국'이라는 이름으로 다 융합되니 말이다.

매력적인 투자처 중국은
왜 혐오의 대상이 되었나?

시장으로서 중국은 확실한 매력이 있는 나라다. 그러나 중국에서 사업으로나 주식 투자로 돈을 벌기는 쉽지 않다. 주변에서도 수많은 사업가와 투자자들이 중국에 뛰어들었지만 돈을 번 사람은 그리 많지 않다. '꽌시('관계'를 뜻하는 중국어로, 개인 간에 맺은 폐쇄적인 인연과 관계를 의미한다)'의 벽에 가로막혀 사업에 실패한 이들, 갑자기 상장폐지가 된 중국 기업들 때문에 휴지조각이 된 주식을 손에 들었던 이들은 중국에 대한 부정적인 담론 형성에 적극적으로 기여한다. 진보와 보수를 가리지 않고 한국인이 가장 싫어하는 나라로 중국이 꼽히게 된 까닭에는 그러한 직·간접적인 경험이 일조했을 것이다. 게다가 대학가에서는 외국인 전형으로 상대적으로 편하게 입시를 치른 중국인 유학생들의 갑질이 빈번하다. 이를 지켜본 우리의 20대 가운데 약 96퍼센트가 중국을 싫어하는 나라로 선정할 정도로, 대한민국의 반중 정서는 세대를 불문하고 이미 일본을 추월했다.

이러한 국민 정서를 대변하듯 반중 정서를 내세운 서가의 수많은 도서 중에서도, 문재인 전 대통령의 추천으로 주목받은 친중 도서가 있다. 《짱깨주의의 탄생》이 그 책으로, 중국이라는 나라를 다양한 관점에서 조명한다는 점에서 의미가 있다.

670쪽이 넘는 이 책은 문재인 전 대통령의 추천이 없었다면 일반 대중보다는 도서관에서 많이 구입할 만한 책이다. 한 권의 좋은 학술서로 그칠 책의 운명이 뒤바뀐 것이다. 문 전 대통령이 SNS를 통해 이 책을 추천하자마자 바로 판매지수가 10배 상승했다. 책에 관한 한 대단한 인플루언서인 문 전 대통령은 왜 이 책을 추천했을까? 보수는 물론이고 진보까지 싸잡아 비판하면서 노골적으로 친중을 내세운 책인데 말이다.

일단 문 전 대통령은 이 책에 대해서 '대단히 논쟁적인 책'이라고 말하며 책을 추천하는 이유가 그 내용에 동의해서가 아니라는 점을 분명히 밝혔다. 따라서 이 책을 추천했으니 문

전 대통령은 역시 '친중이 맞다'라는 식의 비판은 적절하지 못하다. 이 책을 통해서 새로운 관점에 눈을 뜨는 계기가 될 수 있으며, 언론에서 제기된 모든 사실을 있는 그대로 받아들이지 않는 자세가 중요함을 문 전 대통령은 강조했다.

실제로 이 책은 중국에 삐딱한 시선을 갖고 있는 사람들도 '그럴 수 있겠다' 싶은 대목들이 많다. 하지만 몇 가지 의문이 드는 지점도 있다.

1. 정말 젊은 세대들의 반중 정서가 언론 때문인가?

저자 김희교 교수는 한국인들의 반중 정서가 지나치게 미국의 시각에 편향된 언론, 그중에서도 특히 보수적인 색채의 언론사 탓이라고 잘라서 말한다. 그런데 정말 10대 20대가 소위 '조중동의 프레임'에 갇혀 있을까? 그들이 그런 언론사의 기사를 찾아보기나 할까? 라는 의구심이 든다.

물론 우리 언론이 중국과 시진핑에 대해서 부정적인 것은 맞지만 젊은 사람들이 중국에 특히 부정적인 이유는 실제 그들이 체험한 중국, 중국인 유학생, 조선족, 중국인 관광객들로부터 부정적인 이미지를 받았기 때문이다. 즉, 체험이 먼저고 언론이나 SNS는 나중이라는 것이다. 저자는 언론의 역할을 너무 과대평가하면서 우리 국민, 특히 젊은 층이 가지는 반중 정서의 원인을 정확히 파악하는 데 실패한 것은 아닌가 하는 생각이 든다.

2. 정말 시진핑의 중국이 아니라 중국의 시진핑인가?

가장 논쟁적인 지점이다. 우리 국민들은 마치 히틀러 시대의 독일처럼 '시진핑의 중국'이라고 말한다. 그런데 이 책은 단언한다. 시진핑의 중국이 아니라 중국의 시진핑이라는 것이다. 중국 국민은 선거라는 형식을 치르지 않았을 뿐 시진핑을 뽑은 것이라는 주장이다.

하지만 정말 '중국의 시진핑'이라면 다음의 질문에 답할 수 있어야 한다. 국민이 원할 경우 시진핑은 언제든 물러날 수 있는가? 3연임을 비롯해 정책의 모든 결정 과정에서 전통적인 중국의 집단 지도 체제는 무너지고 있으며, 시진핑이 마오쩌둥 식의 독재로 회귀하고 있다는 증거는 넘쳐난다. 말도 안 되는 '제로 코로나' 정책으로 2,500만 명의 대도시를 한 달 넘게 폐쇄하고, 잘나가던 빅테크 기업을 하루아침에 벼락거지로 만들 수 있는 무소불위의 권력을 휘두르고 있다. 실제로 중국은 시진핑이 이끄는 대로 흘러가고 있으며 중국인은 폭주하는 그를 막을 어떤 방법도 없다는 사실을 대부분의 독자들은 알고 있을 것이다. 그의 말 한마디에 중국의 사교육 업체 주가가 10분의 1토막이 나는 그런 나라에서 정상적인 권력의 견제와 균형이 이루어지고 있다고 볼 수는 없을 것이다.

3. 한국인들은 왜 미중 전쟁에서 미국이 이기기를 바랄까?

우리 국민들 중 무조건 미국이 이겨야 한다고 생각하는 보수적인 입장이 절반가량이라면, 나머지 대부분은 누가 이길지 모르니 일단 미국과 동맹을 유지하되 중국과도 사이가 틀어지지 않도록 해야 한다는 생각일 것이다.

우리 국민 다수가 보기에 중국의 권력 집중, 인권유린, 소수민족에 대한 적극적인 동화 정책, 대만 침공 가능성, 독재에 따른 필연적인 부패 및 혁신 저하 등의 문제는 심각하다. 한국인들이 중국을 싫어하고 한편으로 두려움을 품는 또 하나의 이유는, 우리의 꿈을 무너뜨릴 수 있는 가장 강력한 경쟁자라는 사실을 알고 있기 때문일 것이다. 현재 중국은 철강, 조선, LCD, 태양광 등에서 한국을 추월했고 반도체를 제외한 전 품목에서 한국을 위협하고 있다. 이미 배터리 분야는 중국의 독주 체제가 가시화되었고, 우리가 국운을 걸고 투자하는 전기차도 한국의 시장 점유율은 갈수록 줄고 있으며 그만큼 중국은 상승 중이다.

한국은 중국과 가격 경쟁력은 물론 기술 경쟁력에서도 밀리고 있다는 위기감이 반중 정서의 중요한 요인이라는 것을 이 책은 언급하지 않는다. 더 이상 중국은 우리에게 매년 수백억 달러

적자를 감수하는 호구가 아니다. 만약 반도체 분야까지 따라잡히고 난 후에는 언제든지 사대를 강요당할 수 있다는 불신을 많은 한국인들이 갖고 있으며, 그러한 두려움은 쉽게 사라지지 않을 것이다.

4. 미중 갈등의 모든 책임은 미국에 있을까?

이 책은 미중 갈등의 모든 책임을 미국에 돌린다. 중국은 그럴 의사도 없고 능력도 안 된다는 것이다. 그런데 중국의 부상을 두려워한 미국의 정치 엘리트들이 일방적으로 중국을 괴롭힌다는 주장이 사실일까? 중국은 미국을 아시아에서 내쫓고 미국의 자리를 대신하고자 하는 패권주의를 한 번도 드러낸 적이 없을까? 물론 관점이나 해석은 다를 수 있다.

그동안 중국이 미국 기술을 베끼거나 국가적으로 해킹에 투자하고 있는 실정, 차관 대여를 통해 인프라 확충을 돕는 척하면서 자신들의 경제적 속국으로 만들려는 움직임, 남중국해 문제로 동남아시아 국가와 노골적으로 빚어내는 갈등 등을 미국이 아닌 다른 나라들도 여실히 느끼고 있다. 미중 갈등은 더 이상 발톱을 숨기지 않고 그럴 이유도 없다고 생각하는 중국 패권주의와 절대 패권을 빼앗기지 않으려고 하는 미국의 공동 책임이지, 미국만의 단독 책임은 결코 아닐 것이다.

이 책은 모두가 함부로 말하는 중국에 대해서 용기 있게 발언한 점에서는 분명 평가받을 가치가 있다. 중국과 미국의 관계는 경제, 정치, 군사, 문화 등 다양한 분야에서 상호 밀접하게 연결되어 있으며, 최근 몇 년 동안 급격하게 악화되고 있다. 투자의 관점에서 말하자면, 불확실성의 증가라 할 수 있다. 미중 관계의 불확실성이 증가하면서 투자 환경과 경제 전망에 대한 우려를 표명하는 이들이 많다. 특히 무역 분쟁 장기화, 기술 개발 경쟁 심화, 지적 재산권 보호 문제 등이 투자 심리를 위축시키고 있기에 투자자들은 다각화 전략을 추구하고 있다. 미국, 중국 외에 유럽, 아시아 등 다른 지역으로 투자를 확대하고 있으며 부동산, 예술품, 골동품 등 비금융 자산에도 투자를 늘리고 있다. 중국 리스크에 대비하기 위해서는, 중국에 대한 다양한 관점을 두루 확보하는 것이 무엇보다 필요한 일이다.

중동 전쟁의 뿌리에서
발견하는 교훈

전쟁과 갈등의 지대, 중동의 뿌리를 보여주는 책

중동 지역의 이슬람교와 유대교 간 갈등은 수백 년의 역사를 가지고 있으며 이 갈등의 배경에는 종교, 영토, 자원 등 다양한 요인들이 복잡하게 얽혀 있다. 이러한 뿌리 깊은 역사적 맥락을 어떤 관점으로 보아야 할까? 또한 현대판 십자군 전쟁에서 어떤 교훈을 얻을 수 있을까?

뿌리가 깊고 시간이 길수록 갈등을 해결하기 어렵다. 부의 관점에서는, 복잡성을 상수로 받아들이고 복잡성에 따른 시장의 일시적 요동을 기다렸다가 그때 시장에 뛰어드는 태도가 필요하다. 지금으로서는 영원히 이어질 것 같은 중동의 갈등도 장기적으로는 해결될 것이며 그 과정에서 타협과 화해의 가치가 대두될 것이기 때문이다.

전쟁과 갈등이 끊이지 않는 중동 지역의 뿌리에 대해서 알고자 한다면 이 책《예루살렘 광기》를 한번쯤 읽어볼 필요가 있다. 미국에서 2011년 최고의 책으로 선정되기도 했던 이 책은 역사서로 분류될 수도 있고 사회과학서적 혹은 종교서적으로 분류되기도 한다. 제목에서 알 수 있듯이 정치와 종교의 폭력 문제에 천착하고 있는데, 관련 주제에 관해서는 단연 독보적인 책이라 할 수 있다.

저자는 인류 문명 역사의 세 축을 정치, 종교, 폭력으로 보고 있다. 예루살렘은 이 세 가지 축이 만나 활화산처럼 불기둥을 뿜어내는 곳이다. 책에서는 1973년 욤 키푸르 전쟁(제4차 중동전쟁) 당시 기습을 당한 이스라엘이 이집트와 시리아에 핵무기를 사용할 작정이었다고 설명한다. 만약 그랬다면 소련이 개입했을 것이고 미국도 자연스럽게 참전해 제3차 세계대전이자 인류 최후의 아마겟돈이 벌어졌을 것이다. 그 사태를 방지한 이가 바로 유대인계로 미국의 국무장관을 지낸 헨리 키신저[Henry Alfred Kissinger]였다. 당시 이스라엘은 핵무기의 진정한 힘은, 실제로 사용하는 것이 아니라 그것을 사용하겠다는 위협에 있음을 보여주었다. 소량이라도 핵무기를 보유한 나라에게는 초월적 힘이 보장된다는 것은, 북한만 보아도 충분히 알 수 있는 일이다.

중동 전쟁의 책임은 누구에게 있는가

1948년 이스라엘이 팔레스타인 땅에 건국을 선포한 이후 시작된 영토 전쟁은 우주를 놓고 벌이는, 영원히 해소될 수 없는 자기 최면적 전쟁으로 변질되어 버렸다고 이 책은 말한다. 그런데 이는 이스라엘만의 책임도 아니고, 피해자인 팔레스타인은 더더욱 아니며, 가장 큰 책임은 서구 기독교 문명의 반유대주의에 있다고 보고 있다.

서구 기독교 문명은 유대인 때문에 예수가 십자가에 매달려 죽었기에 유대인은 벌을 받아 방랑해야 할 운명이라는 논리를 거의 2,000년간 지속해왔다. 유대인은 서구 문명과 기독교 문명에서 영원한 이방인인 셈이다. 십자군 전쟁과 마녀사냥

등 기독교가 역사에 남긴 오점은 숱하지만, 그중에서도 가장 큰 잘못은 유대인에 혐오감을 노골적으로 표출하고 중상모략한 것이라고 저자는 이야기한다.

결국 이것이 히틀러가 벌였던 유대인 대학살, 홀로코스트의 궁극적 원인이 되었다. 책에 따르면 이스라엘은 홀로코스트를 중심으로 국가의 기틀을 확립하면서, 히틀러가 저지른 범죄의 내부 논리를 유대인들의 기억 속에서 영원불변한 하나의 기둥으로 삼았다. 히틀러는 이스라엘이 병영국가가 된 이유이기도 하다. 과거에 일어났던 비극이 언제든 다시 일어날 수 있으므로 최악의 경우를 늘 각오하는 것이다. 이스라엘은 지하드나 IS 못지않게 호전적으로 변했는데 책은 이에 대해서 "이스라엘은 어떤 적이든 환생한 히틀러로 간주하려는 유혹에 늘 시달려왔다"고 표현한다.

좋은 종교는 어떠해야 하는가

이 책《예루살렘 광기》의 저자 제임스 캐럴James Carroll은 기독교를 나쁜 종교로 보고 있음이 분명하다. 책의 말미를 좋은 종교의 다섯 가지 조건으로 마무리 짓는 것은 그 때문일 것이다.

어찌 보면 기독교뿐 아니라 유대교, 이슬람교 등 일신교 자체에 대해서 부정적이다. 일신교는 타자에 대한 배척을 낳고, 누군가를 희생양으로 만들며 결국 희생양과 타자에 대한 폭력으로 점철된다는 것이다. 그는 어떤 대안을 종교에 제시할까.

첫째, 좋은 종교는 죽음 대신 삶을 찬미해야 한다. 인간은 죽기 위해서가 아니라, 살기 위해 이승에 온 것이기 때문이다. 종교가 소중한 이유는 인간의 유한성 그리고 유한성에 대한 인식을 원인으로 하는 내재적 고통에 대해 위로를 건네기 때문이라고 책은 말한다. 기독교는 죽음을 예찬하다 못해 요한계시록을 통해 인류의 파멸을 목 놓아 고대한다. 이에 대해 저자는 요한계시록은 예수가 죽고 이스라엘의 유대인들이 로마와 성전을 벌일 때 탄생한 극단적 문서라며, 기독교가 살아남으려면 '종말론과 종말을 고해야 한다'고 주장한다.

둘째, 좋은 종교는 신이 창조한 모든 피조물의 합일을 지향해야 한다. 사랑이라고도 일컫는 합일의 원칙을 신의 단일성 안에서 언급해야 한다. 자비와 사랑과 관용 외에 어떤 폭력도 용인해서는 안 된다. 설사 그 폭력이 희생일지라도 말이다. 그는 이렇게 주장한다. "하나님의 단일성은 어떤 숫자가 외로이 홀로 있는 개념이라기보다 모든 피조물과 하나 되는 창조주의 고독이다."

셋째, 좋은 종교는 계시에 의한 것이지, 구원에 관한 것이 아니다. 종말이 오고 믿는 자만이 선택적으로 구원받는다는 논리 자체가 모순이라는 이야기다. 인간은 존재함으로써 이미 구원받았다는 것이 그의 주장이다.

넷째, 좋은 종교는 강요해서는 안 된다. 그는 단호하게 말한다. 하나님이라는 존재에 대한 관심은 양심의 영역에서 나타나는 내적 활동이기 때문에 어떤 강요도 있어서는 안 된다. 기독교의 포교 행위는 원천적으로 비종교적인 활동이라는 소리다.

다섯째, 새로운 시대에 좋은 종교는 역설적이게도 세속적 성격을 띨 수 있다. 소식화된 종교가 역사적으로 폭력과 불관용에 얽혀 있었기 때문에 그런 나쁜 종교를 거부하려면 종교적 상징, 범주 등을 거부해야 한다는 것이다. 그는 어떤 점에서 비종교의 종교를 전제로 하는지도 모른다. 여기서 세속은 '인간 삶의 이해'라고 표현해도 될 것이다.

그는 마지막으로 이렇게 경고한다. "종교가 변하지 않는다면 인류 문명은 끝장이다. 사랑이라는 태고의 법칙을 어기게 만드는 신앙은 바뀌어야 한다. 폭력을 낳는 종교는 개혁되어야 한다. 즉 모든 종교는 영원히 개혁이 필요하다."

인도는 과연 중국의 대안이
될 수 있을까?

인도는 하나의 나라였던 적이 없다?

서울대 아시아연구소 강성용 교수는 다양한 포럼과 독서 모임에 단골 강사로 초빙되는 유명인사이다. 그는 대한민국 최고의 인도 전문가로, 고대 인도 철학을 전문 분야로 한다. 인도 전문가이지만 그는 인도에 대단히 비판적이다. 특히 인도가 중국의 대안이 될 수 있다는 주장에 근본적인 의문을 제기한다. 그렇게 되기에 인도는 인프라가 너무 낙후되었고 부패해 있다는 것이 강성용 교수의 지적이다. 강 교수의 인도론에 따르면, 인도는 한마디로 속이 뭔지 알 수 없는 '카오스'다. 투자자 짐 로저스도 이와 비슷한 이유로 인도의 부상에 비관적인데, 인도는 하나의 나라였던 적이 없다는 것이다. 인도는 단일 민족은커녕 단일 인종도 아니며, 인도라는 단일 국가에 대한 관념조차 없다고 짐 로저스는 말한 바 있다. 그렇기에 인도가 중국을 대체하기란 어렵다는 것이다.

위의 주장이 맞다면 인도 국민들은 나라에 대한 애국심이나 자부심보다는 힌두교 같은 종교 집단, 그리고 가족을 토대로 하는 정체성에 소속감을 가진다는 것이 옳은 이야기일 것이다. 그런데 서울대 아시아연구소와 한국리서치가 공동으로 진행한 〈아시아 대도시 가치조사〉에 따르면, 예상과는 다른 내용을 확인할 수 있다. 이 보고서의 '집단적 자기애와 민주주의' 편에서는 전 세계 15개국 대도시의 집단적 정체성의 실체를 면밀하게 밝히고 있다.

당신은 국가에 소속감을 느끼는가?

먼저 우리나라의 경우를 살펴보자. 국가에 대한 자부심을 자극

부자의 서재에는 반드시 인문학 책이 놓여 있다

하는 수많은 콘텐츠가 양산되고 있으며, 체감상으로는 많은 사람들이 여기에 동조하고 심취하는 것처럼 느껴진다. 그런데 통계 조사 결과는 전혀 그렇지 않음을 보여준다. '국가에 가장 큰 소속감을 느낀다'라고 답한 비율이 우리나라는 겨우 15퍼센트로, 15개국 가운데 최하위 수준이다. 우리나라 사람들이 가장 큰 소속감을 느끼는 대상은 바로 가족이었으며, 75퍼센트의 사람들이 여기에 손을 들었다. '한국은 겉으로 보면 민족주의 국가지만 국민 마음속에 국가주의는 없고 오직 가족주의만 있다'는 박노자 교수의 말이 진실로 다가오는 순간이다.

15개국의 시민들 가운데, 가장 큰 소속감을 느끼는 대상으로 국가를 선택한 비율이 60퍼센트가 넘는 도시는 뉴델리(76%), 예루살렘(71%), 하노이(64%), 베이징(63%)순으로 높게 나타났다. 뉴델리가 인도 전체를 대변할 수는 없지만, 위의 조사로 볼 때 국가에 대한 소속감이 가장 높은 나라는 사실상 인도라 할 수 있다. 시진핑의 위대한 중화민족에 도취한 중국보다도, 유대인으로서 정체성에 긍지를 느끼며 사방팔방에 적을 두고 있는 이스라엘보다도 월등히 높은 수치를 자랑한다.

영국이 인도를 지배하기 전까지 인도는 이슬람교를 믿던 무굴 제국과 힌두교를 믿는 수많은 제국, 그리고 불교를 믿는 실론 섬(스리랑카)으로 분열돼 있었다. 영국의 지배를 100년

이상 받으면서 그들은 공동의 적을 만들어냈다. 지금 인도를 장기 집권하고 있는 힌두민족주의당 모디 총리는 인도의 모든 구악을 하나의 적, 바로 '영국'의 식민주의 유산으로 돌리며 열심히 나라를 하나로 결집하는 중이다.

자본주의가 태동한 대영제국에서 자본주의의 미래를 보다

해가 지지 않는 나라, 대영제국

비트코인, 메타버스, NFT, 그리고 주식 투자는 모두 하나의 전제 속에서 존재할 수 있다. 바로 자본주의가 무너지지 않고 앞으로도 계속 잘 운영될 것이라는 가정이다. 자본주의의 미래를 알기 위해서는 우선 지난 역사를 알아야 한다. 자본주의는 송나라에서 시작됐다는 주장도 있지만 18세기에 대영제국에서부터 시작되었다고 보는 것이 정설이다. 국토의 면적과 인구

규모가 우리 한반도와 비슷한 영국이 세계 최초의 자본주의 국가가 되었던 데는 어떤 필연적 요인이 작용했을까? 일단 대영제국이 얼마나 대단한 나라였는지 규모를 통해 알아보자. 다음의 세 나라 중 과거에 가장 영토가 넓었던 나라는 어디일까?

① 대영제국
② 몽골(징기스칸 당시)
③ 러시아제국(현재의 폴란드까지 포함)

②번이 답이라 생각하는 사람들이 많겠지만, 정답은 ①번이다. 대영제국의 영토는 3,500만 제곱킬로미터에 달했던 데에 비해 몽골제국은 그보다 한참 뒤진 2,300만 제곱킬로미터였다. 전 세계에서 단일 국가로는 가장 컸던 러시아제국 역시 2,200만 제곱킬로미터 수준이었다. 말 그대로 해가 지지 않는 나라가 바로 영국이었다.

자본주의에서 가장 중요했던 해

세계 최고의 빈곤 전문가 제프리 삭스Jeffrey Sachs 교수는 1776

년을 자본주의에서 의미 있는 해로 꼽는다. 그해 미국이 영국으로부터 독립해서일까? 아니다. 그보다도 자본주의에서 더 중요한 일이 있었다. 바로 자본주의의 창시자 애덤 스미스가 《국부론》을 쓰면서 자본주의 정신과 본질을 공식적으로 알리기 시작한 시점이 1776년이었다.

자본주의뿐 아니라 현대 경제학의 뿌리이기도 한 애덤 스미스는 '보이지 않는 손'을 강조하며 정부의 개입 없이 시장에서 수요자와 공급자가 자유롭게 만나 서로가 합의한 가격에 물건을 판매할 때 거래가 완성된다는 이론을 펼쳤다. 이를 합법적으로 지켜주는 역할이 곧 국가의 임무라고 그는 주장했다. 그는, 우리가 빵을 먹을 수 있는 이유가 제빵사들의 이타심이나 동정심 때문이 아니라 돈을 벌고자 하는 이기심 때문이라는 유명한 비유를 들기도 했다.

그러나 애덤 스미스는 경제학자이기 이전에 윤리학자였다. 그가 젊었을 때 쓴 《도덕감정론》에서는 인간의 이기심이나 탐욕보다는 동정심과 인류애를 더욱 강조한 바 있다. 그래서 그가 구상했던 보이지 않는 손은 '차가운 손'이 아니라 '따뜻한 손'이었다는 주장도 있다.

영국이 최초의 자본주의 국가가 될 수 있었던 이유

애덤 스미스와 리카도David Ricardo로 이어지는 영국의 경제학자들은, 자본주의의 또 다른 원칙으로 '무역을 통한 국제적 부의 축적'을 지향했다. 스미스는 무역은 지식의 확산을 돕고 마침내 세력의 재균형을 가져온다고 말했다. 제프리 삭스 교수는 여기에 두 가지를 더한다.

그중 한 가지는 '넓은 영토를 지킬 수 있는 강한 해군력'이다. 일반적으로, 섬나라인 영국은 도버 해협이 지켜주고 있어서 외국으로부터 침입을 당하지 않았다고 설명한다. 물론 로마는 바다를 건너 영국을 정복한 최초의 이민족이었고, 영국의 핵심인 잉글랜드를 건립한 민족도 덴마크와 독일 북부에 있던 게르만족인 앵글로족과 색슨족이었다. 따라서 영국이 아시아의 일본처럼 침략을 전혀 받지 않았던 국가라는 주장에는 얼마든 반론을 제기할 수 있다. 프랑스 북부에 근거지를 둔 게르만족의 일부, 노르만족 역시 앵글로색슨이 지배하던 잉글랜드를 정복한 적이 있다.

일본과 영국의 공통점이 있다면, 섬나라 일본이 아시아 최강국으로 부상할 수 있었던 비결이 일본의 해군력이었듯이 영국을 대영제국으로 만든 것 역시 영국의 해군력이었다는 점이다. 영국은 국가 차원에서 지도 제작업에 앞장서서 선박들이 안전하게 바다를 여행할 수 있도록 도왔다. 영국 왕립과학원 The Royal Society에서 세계지도를 제작하기 시작한 것은, 외국에 식민지를 본격적으로 만들기 위한 기초 작업이었다.

경험론이 탄생한 영국의 대학

제프리 삭스는 대영제국이 번성하여 세계 최초의 자본주의 국가가 될 수 있었던 또 다른 요인으로 '대학'을 꼽는다. 영국의 대학에서는 경험론에 입각해 '세상의 본질이 무엇인가', '인식한다는 것은 무엇인가' 등의 탁상공론을 넘어 실용적인 학문을 양성할 수 있도록 교육 제도를 마련했다. 영국의 경험론을 창시한 프랜시스 베이컨Francis Bacon이 없었다면 아마도 대영제국은 그렇게 오래도록 세계를 지배할 수 없었을 것이다.

실사구시實事求是와 실용성을 앞세운 경험론의 전통은 필연적으로 그 사회에서 혁신을 이끌어내게 된다. 영국의 경험론은 상상력을 발휘할 수 있는 지적 토양을 차근차근 쌓았다. 18세기 영국 시인 윌리엄 블레이크William Blake는 자신의 시에서 "현재 증명된 것은 한때 우리 상상 속에서만 존재했던 것"이라고 말했다. 시인의 말 그대로, 영국은 상상 속에 꿈꾸던 물건들을 현실로 만들어냈다. 방적기, 방직기, 그리고 산업혁명의 핵심인 증기기관이 그것이었다.

마지막으로 한 가지 이유를 더 추가하자면, 자원이 그리 많지 않은 영국에서 유달리 석탄이 많이 생산되어 채굴과 사용이 자유로웠다는 사실을 들 수 있다. 영국은 1882년 런던 홀번 비아덕트 지역에 세계 첫 중앙제어 석탄발전소가 문을 연 이래 1995년 석탄화력발전 비중이 전체 에너지원의 46.5퍼센트를 차지할 만큼 석탄 의존도가 높은 나라였다. 특히 뉴캐슬과 글래스고우 지방에는 석탄의 매장량이 엄청났다. 9세기 무렵, 유럽의 국가들 중에서 가장 먼저 석탄을 발견했던 영국은 현재 2050년까지 온실가스 배출량을 완전히 감축하는 넷제로 Net Zero를 법적 목표로 도입했다. 이에 따라 현재 남아 있는 세 군데의 석탄발전소도 문을 닫을 예정이다. 대영제국의 화려한 그림자가 역사 속으로 사라지는 순간이라 할 만하다.

비트코인이라는
뜨거운 인문학적 현상

비트코인이 막대한 부를 창출할 수 있었던 이유

노벨 경제학상을 받은 미국 예일대의 경제학자 로버트 쉴러 Robert Shiller는 자신의 저서《내러티브 경제학》에서 비트코인이 지금처럼 사람들의 관심을 끌어모은 배경에는 '무정부주의의 부활'이라는 극적 서사가 있었기 때문이라고 설명한다.《비트코인, 지혜의 족보》를 쓴 오태민 작가도 비트코인을 하나의 인문학적 현상으로 보았다. 비트코인의 탈중앙화가 인간의 새로운 존재 방식을 보여주기 때문에 여기에 매료된다는 것이 오태민 저자의 주장이다. 비트코인에서 새로운 인간 방식을 발견한다는 것은 무슨 이야기일까?

비트코인이 블록체인이라는 획기적인 기술만으로 오늘날 이처럼 많은 부를 이루었다고 생각하는 사람은 거의 없을 것이다. 칼 마르크스가 자본주의만큼 비판했던 19세기의 무정부주의가 21세기에 화려하게 부활했으니, 바로 비트코인을 통해서다. 무정부주의자는 말 그대로 모든 정부를 부정한다. 존 레논John Lennon의 노래 〈이매진〉의 가사처럼 "국가가 없다고 생각해보세요. 전쟁도 없고 살인도 더 이상 없을 거예요"라고 생각하는 사람들이 바로 무정부주의자들이다.

토마스 홉스는 무정부 상태가 되면 '만인이 만인에 대한 늑대가 된다'고 말했지만, 장 자크 루소는 '원래 인간은 자연 상태에서 완벽히 선했다'고 보았다. 무정부주의 혹은 아나키즘Anarchism이 부정하는 권력은 정부뿐만 아니라 종교, 사회, 자본, 군대를 비롯해 강압적으로 개인의 자유를 침해하는 모든 권력을 포함한다. 정부를 반대하기보다 권력을 반대한다는 것이 정확한 표현일 것이다. 이러한 무정부주의는 1960년대 후반과 1970년대 초반 미국을 뜨겁게 달구었던 히피 문화와 반전 운동을 사실상 주도했다.

비트코인을 만든 사토시 나카모토가 일본인이든 미국인이든, 혹은 개인이든 단체이든 확실한 것은 그는 중앙집권적인 국가 중심의 현대 권력, 특히 금융 시스템에 부정적이라는 점이다. 얼굴은 보이지 않아도 그의 머릿속에 19세기 무정부주의와 20세기 히피가 똬리를 틀고 있다는 사실은 가늠할 수 있다. 2008년 서브프라임 모기지 사태 이후 월스트리트의 도덕성에 모두가 분노할 때, 그는 9쪽짜리 짧은 논문을 발표했다. 초록에는 이렇게 쓰여 있다.

"개인과 개인 간 유통될 수 있는 순수한 이론적 의미의 전자화폐는 금융기관을 거치지 않고 직접 지불을 가능하게 한다. 기존의 디지털 서명 기술이 이것을 일부 가능하게 하는 방법을 제공해주지만, 여전히 믿을 수 있는 제3자가 이중 지불을 방지해야 한다면 전자화폐가 가질 수 있는 중요한 장점들은 사라지게 된다. 우리는 이 논문에서 P2P 네트워크를 이용한 이중지불 문제의 해결 방법을 제안하고자 한다."

돈이 필요한 사람들이 직접 거래하도록 하고 모두가 참여하는 시스템이 이를 보장함으로써 거래 수수료라는 폭리를 취하는 중앙은행들을 비판하고 있다는 점에서 사토시의 문제의식은 19세기 무정부주의자와도 일치한다. 중앙 권력은 은행을 감시하는 동시에 국민도 감시하고 있다. 그런 맥락에서 비트코인은 은행으로부터의 자유, 정부로부터의 자유를 추구한다.

비트코인의 무정부주의적 본질

비트코인의 무정부의적 본질을 부의 관점에서는 어떻게 받아들여야 할까? 부의 관점으로 보자면 비트코인을 무질서로 보기보다, 여기에서 자유주의를 읽을 수 있다. 즉, 비트코인을 전통적인 금융 시스템에 대한 의존도를 줄이는 수단으로 바라보는 것이다. 실제로 비트코인에 투자하는 부자들은 정부 규제나 인플레이션으로부터 자산을 보호하는 데 도움이 될 수 있기에, 자산의 일부를 비트코인으로 보관하고자 한다. 비트코인은 국경을 넘어 쉽게 전송 및 사용할 수 있는 국제적인 통화라는 점에서 가치가 있다. 따라서 국제 사업을 운영하거나 해외에 투자하는 이들에게는 상당히 유용한 통화 수단이 된다.

비트코인은 반감기라는 이벤트를 4년마다 펼치면서 투자 기회를 제공하는 양상을 보인다. 반감기가 오기 전, 비트코인이 하락을 멈추고 다시 V자 반등을 할 시점을 파악한다면 부의 대열에 올라설 수 있지만, 변동성 또한 극도로 높은 자산이라는 사실을 반드시 명심해야 한다.

부자들은 미국 대통령보다
연준 의장의 말에 귀를 더 기울인다

남북전쟁보다도 더 치열했던 역사의 지점

부의 관점에서 보았을 때 300년을 겨우 넘는 짧은 미국 역사
에서 가장 흥미로운 지점을 고르라면 남북전쟁이 아닌 미 연
준과 일본 엔의 전쟁, 그리고 한국 경제의 비상이 시작된 1980
년대 미국을 말할 수 있다. 그리고 이 시기에는 미국 대통령보
다도 대통령이 임명한 중앙은행의 은행장 격인 미 연준 의장
에게 더 관심을 기울이게 된다.

부자의 서재에는 반드시 인문학 책이 놓여 있다

레이건 정부 당시 미 연방준비제도는 역사상 가장 위대한 의장이라고 불리는 폴 볼커Paul Adolph Volcker가 자리 잡고 있었다. 볼커가 일본 대장성 관료 출신 교텐 토요오와 함께 쓴 《달러의 부활》은 금본위제가 무너지고 변동환율제가 도입되는 과정에서 미국과 일본, 그리고 유럽의 경제 금융 정책 입안자들은 어떻게 움직였는지 막전 막후 드라마를 보여주는 책이다. 석유 파동으로 원유 가격이 급등했던 당시에 인플레이션을 피할 수는 없었지만 그 충격을 완화, 흡수할 수 있었던 것은 변동환율제 덕분이었다. 변동환율제의 도입에 따라 투기 세력이 돈을 벌 기회도 함께 늘어났지만, 저자 토요오는 늘어난 변동성 때문에 투기 세력도 두려움을 느낄 수밖에 없었다며, 그들과 고도의 심리전을 펼치며 적정한 환율을 유지하려 노력했다고 책에서 밝힌다.

주가, 금리, 환율 중에서도 가장 맞히기 어려운 것이 환율이라고들 이야기한다. 책에도 나오는 구매력평가설 등 환율의 시세를 결정하는 요인에 대한 여러 이론들이 있지만, 단기 자본 흐름이나 각국 간의 미묘한 이자율 차이 등 너무나 민감한 변수들이 많기 때문에 환율을 정확히 예측하기란 불가능하다. 책에는 일본 외환 딜러의 인터뷰가 실려 있다. 외환 딜러들은 주식 투자자처럼 단기, 중기, 장기로 여러 변수들을 고려하는

데, 여기서 말하는 장기는 고작 10분 정도를 말한다고 한다.

최고의 부국에서 최대 채무국으로

폴 볼커는 닉슨Richard Nixon과 포드Gerald Rudolph Ford, 카터Jimmy
Carter, 레이건Ronald Wilson Reagan을 모두 거친 최장기 연준 의장
이었는데, 1970년대 인플레이션이 매년 15퍼센트씩 되는 세
상에서 이를 잡기 위해 금리를 20퍼센트까지 올리는 등, 현재
로서는 상상하기 힘든 환경 속에서 임무를 다했다. 인플레이션
다음에는 경기 침체가 필연적으로 따라오는 법이다. 1970년
대 인플레이션 이후 1980년대 미국은 경기 침체의 늪에 빠진
다. 볼커는 인플레이션으로 야기된 통화량 증가를 멈추기 위해
갖은 노력을 다한다.

1983년에 그가 제안한 합리적인 물가 안정이란 개념은, 일
시적으로 큰 고통이 따르더라도 물가 안정을 얻을 수 있다면
감내할 수 있다는 주장이다. 얼마 전 제롬 파월Jerome Powell 연
준 의장이 평균물가목표제를 발표하기까지, 30년 이상 연준
을 지탱해온 핵심 이론이었다. 참고로, 평균물가목표제는 미
국 중앙은행이 코로나19로 위기에 빠진 경제를 부양하기 위해

2020년 10월 도입한 정책으로, 물가 상승률이 평균 2퍼센트를 넘어도 일정 기간 용인하겠다는 것을 주 내용으로 한다.

1970년대와 1980년대는 민주당의 집권 시기가 단 4년에 불과했던 공화당 초강세의 시절이었다. 우리가 일본을 턱밑까지 따라잡을 수 있었던 계기는 공화당 전성기의 한복판이었던 1985년이었다. 그해 서울에서는 IMF 회의가 개최되었다.

물가를 잡고 경제를 되살려 재선에 성공한 레이건 정부에게 높은 달러는 눈엣가시였다. 그런데 문제는 미국이 갈수록 해외 자본(지금은 중국, 그전까지는 일본)에 더 많이 의존하게 되고 그에 따라 미국의 저축액이 부족해진다는 점이었다. 최고의 부국에서 최대 채무국으로 변하게 되는 순간에 레이건은 고민을 시작한다. 무역 수지 적자는 늘어나서 1,000억 달러에 이르게 된다. 당시 엔화는 1973년 수준으로 떨어져 있었고, 독일 마르크화도 하락 상태였다. 미국에 무역 적자를 야기한 두 상대국의 환율이 떨어지면서 무역 적자의 폭이 1,500억 달러 수준으로 치솟는 것은 시간문제였다.

달러 환율을 시급하게 떨어뜨려야 하는 상황이었다. 이때 일본은 놀랍게도, 엔화의 평가 절상에 협조를 하고 나섰다. 플라자 합의 때 일본을 대표했던 인물이 바로 이 책의 공저자인 교텐 토요오였다. 한국이 일본을 따라잡을 수 있도록 발판을

깔아준, 우리로선 고마운 인물이다. 엔고 덕분에 한국산 자동차와 반도체가 가격 경쟁력을 얻었고 구미 시장으로 적극 진출할 수 있었다. 일본의 경우 수출 기업들은 엔고로 죽는 소리를 냈지만 국민들은 외국에서 엔화를 펑펑 써대며 거품 속에서 흥청망청 세월을 보냈다.

일본은 왜 플라자 합의를 받아들였나

볼커는 이렇게 플라자 합의를 회고한다.

"플라자 합의는 환율 정책을 설정했으며, 개입을 이를 통해 뒷받침했다. 재무부의 지지와 리더십이 없었더라면 성사되지 못했을 일이었다."

실무 책임자는 토요오였지만 총책임자는 나중에 총리가 되는 다케시타 노보루였다. 볼커의 회고에 따르면 그는 회의에서 '엔화가 10퍼센트 이상 오르도록 용인하겠다'고 먼저 자발적으로 나섰다고 한다. 당시 유럽의 장관들은 엔화가 절상되면 자신들의 무역 경쟁력이 한층 안정될 것이라 생각하여. 미국의 편에 서서 이를 환영했다. 달러는 이후 25퍼센트 하락했다.

당시 일본은 지금의 중국처럼 미국에게는 적국이었다. 레

부자의 서재에는 반드시 인문학 책이 놓여 있다

이건 대통령과 공화당이 지배하던 의회는 일본과 일본 기업들에게 관세 폭탄을 부과하기에 바빴다. 구 소련 때문에 군사적, 정치적으로는 제일 가까웠던 두 나라가 경제적으로는 강력한 견제 대상이었던 것이다.

그렇다면 일본은 왜 그렇게 순순히 엔고를 받아들였을까? 일본 국민은 엔고로 수출 기업의 경쟁력이 극도로 약화되던 시점에 치러진 총선거에서 또다시 자민당을 뽑았다. 자국의 수출 기업들이 신음하는 것은 눈에 직접 보이지 않았던 반면, 엔고의 장점은 당장 피부로 체감했기 때문이다. 수입 물가가 낮아지고, 그에 따라 소비자들의 만족도는 높아졌다. 해외 투자 기회가 늘어나면서 기업들의 해외 진출이 확대되는 측면도 있었다. 그러나 눈에 보이지 않았지만 일본 경제는 서서히 늪 속으로 추락해갔나. 1986년 말까지 9개월 연속으로 일본의 산업생산성은 전년도 대비 감소했고, 1987년 초에는 실업률이 3퍼센트를 넘어섰다. 극히 이례적인 일이었다.

투자자들이 연준 의장의 발언에 주목할 수밖에 없는 이유

살펴보았듯이, 미 연준의 통화 정책은 미국만이 아니라 전 세계에 연쇄적인 반응을 불러일으킨다. 그래서 폴 볼커와 같은 미국 연준 의장의 발언은 때로 대통령의 담화 이상으로 큰 주목을 끌 수밖에 없다. 연준 의장은 통화 정책을 직접 결정하는 위치에 있다. 이 정책들은 금리, 인플레이션, 경제 성장 등에 즉각적이고 직접적인 영향을 미치며 주식, 채권, 외환 시장 등에도 즉시 반응을 일으켜 투자자들의 자산 가치에 큰 영향을 줄 수 있다.

또한 연준의 결정은 대체로 경제 데이터와 전망에 기반하므로 어느 정도 예측이 가능하며, 상대적으로 정치적 중립을 유지하려 노력한다. 이는 정책의 일관성과 신뢰성을 높여 투자자들이 더 안정적으로 의사결정을 할 수 있게 한다. 또한 미국 연준의 결정은 글로벌 경제에도 장기적으로 큰 영향을 미치기 때문에 국제 투자를 하는 이들에게는 결코 무시할 수 없는 요소이다.

결론적으로, 미국 연준 의장의 발언과 결정이 경제와 금융 시장에 미치는 직접적이고 즉각적인 영향력 때문에, 수많은 업계 리더와 투자자들은 여기에 주의를 기울인다. 대통령의 정책은 물론 중요하지만, 그 영향이 보통 더 장기적이고 간접적이며 연준에 비하면 예측이 불가능한 경우가 많다.

에디슨보다 테슬라가
부자의 서재에 더 많이 보이는 이유

에디슨과 테슬라의 대결

부자의 서재에는 어떤 과학자의 책이 가장 많이 꽂혀 있을까? 에디슨? 아니면 아인슈타인? 아마도 니콜레 테슬라Nikola Tesla 가 아닐까 한다. 테슬라는 에디슨의 영원한 라이벌이자 시대를 초월한 과학자다. 발명품 양으로만 따지면 테슬라 270개, 에디슨 1,003개로 차이가 꽤 크지만, 현대의 우리에게 더 큰 영감을 주는 인물은 아무래도 테슬라일 듯하다.

한국에서 출간된 《테슬라 자서전》은 대중적인 베스트셀러가 되지는 않았지만, 꾸준하고 조용히 인기를 끌었다. 이 책은 3부로 구성되어 있는데 1부는 그가 63세이던 1919년에 쓴 〈나의 발명〉이라는 글이고, 2부는 테슬라가 1900년에 발표한 논문 〈인간 에너지를 상승시키는 데 따르는 문제점〉을 옮긴 것이다. 3부는 그의 삶과 발명에 대해 조망하는 내용으로 채워져 있다.

베네딕트 컴버배치Benedict Cumberbatch가 주연을 맡은 영화 〈커런트 워〉는 에디슨과 테슬라의 라이벌 관계를 흥미롭게 그려낸 작품이다. 영화에서 다룬 두 사람의 갈등은 테슬라의 자서전에도 상세히 나온다. 에디슨은 직류 전기로 송전을 주장했고 테슬라는 웨스팅하우스의 지원을 받아 교류 전기로 송전하겠다고 나서며 서로 대립했다. 결과적으로는 가볍고 값이 싼 데다가, 발전소를 소비자들과 멀리 떨어진 곳에 지을 수 있는 교류 전기가 최종 승자가 되었다. 1888년 기록적인 대설이 내렸을 때, 무거운 직류 송전선이 그 무게를 지탱하지 못하고 무너져내려 많은 사람들이 사망한 사건이 결정적 패인이었다.

에디슨은 이에 맞서 교류 전기의 위험성을 경고한다면서, 사육사를 밟아 죽인 코끼리를 6,600볼트 교류 전기 장치로 감전시켜 죽이는 공개 실험을 했다. 교류 전기의 위험성을 널리 알리려는 의도였지만 동물보호협회로부터 많은 비난을 받아야 했다.

승패는 1893년 시카고 세계박람회에서 대규모 전등 입찰의 결과로 갈렸다. 당시 에디슨 측은 입찰 가격으로 100만 달러 제시했고, 테슬라와 웨스팅하우스의 교류 진영 측은 50만 달러라는 훨씬 저렴한 가격을 제시하여 에디슨을 제치고 25만 개의 전구를 켜는 행사를 따냈다.

이후 에디슨은 자신이 창업한 회사 GE의 회사명에서 본인의 이름이 빠지는 수모를 겪게 된다. GE에서 에디슨을 뜻하던 'E'는 이후 전기를 뜻하는 'Electric'으로 대체되었다.

테슬라가 다시금 조명되는 이유

논란의 여지는 있지만, 테슬라는 마르코니Guglielmo Marconi에 앞서서 무선 통신을 최초로 발명했고, 뢴트겐Wilhelm Conrad Röntgen이 X선을 발견한 것과 거의 비슷한 시기에 X선 사진을 찍은 것으로도 알려져 있다.

무선 통신 발명의 경우, 미국에서 특허를 먼저 출원한 것은 테슬라이지만 실용화 및 사업화를 실질적으로 이뤄낸 것은 마르코니라는 것이 지금껏 알려진 사실이다. 두 사람 사이에 분쟁이 있었을 때 마르코니의 재정적 후원자가 바로 에디슨이었다. 마르코니는 앤드루 카네기Andrew Carnegie의 후원도 함께 얻어냈지만, 테슬라는 후원자를 찾지 못해 소송할 비용을 구하기 어려웠다고 한다.

테슬라는 카리스마 넘치는 매력적인 인물로 알려져 있다. 반면, 에디슨은 사업에 더 집중하는 스타일이었으며 대중에 공개되는 걸 별로 좋아하지 않았다. 테슬라는 자서전에서 자신의 신앙심과 금욕주의를 강조하며, 괴테의 문학을 통해 과학적 영감을 얻는 인문학적 면모를 보여준다. 책에는 괴테의 시와 소설뿐 아니라 부처의 말씀 등을 인용하고 있어 통섭적인 시각을 갖추기 위한 그의 노력을 엿볼 수 있다. 그는 평생 독신으로 살면서 채식주의 원칙을 지켰다.

니콜라 테슬라와 에디슨을 비교하자면, 혁신적인 사고방식 측면에서 테슬라가 앞선다고 볼 수 있다. 테슬라는 획기적인 발명품으로 유명하지만, 에디슨은 기존 기술을 개선하는 데 집중했다. 또한 미래에 대한 비전이라는 측면에서도 테슬라의 손을 들어줄 수 있다. 테슬라는 무선 전력 전송 같은 미래 기술

부자의 서재에는 반드시 인문학 책이 놓여 있다

을 예측하고 연구했던 반면에 에디슨은 당시 시장 수요에 맞는 실용적인 발명품 개발에 집중했다. 심지어 테슬라는 1900년대 초반에 '지능형 기계'의 개념을 언급했다. 물론 현대적 의미의 AI와 정확히 일치하는 개념은 아니지만, 기계가 인간의 사고 과정을 모방할 수 있으리라는 사실을 예측한 것이다. 또한 그는 '우주 여행'의 가능성을 언급하기도 했다. 시대를 뛰어넘는 사고의 소유자라는 점에서 어쩌면 그는 다빈치와도 가장 많이 닮은 인물일 것이다. 이와 같은 미래지향적인 시각과 끊임없는 도전 정신이 그를 다시 조명하게 만드는 이유가 아닐까 한다.

피터 자이한의 지정학에
왜 주목해야 하는가?

피터 자이한이 바라보는 미국, 그리고 중국

"미국은 더 이상 세계 경찰을 수행할 이유가 없고, 세계는 만인이 만인에 대한 늑대가 된다"라고 주장하는 책이 있다. 바로 미국의 지정학자 피터 자이한Peter Zeihan의 《붕괴하는 세계와 인구학》이다.

책은, 이 모든 것이 오바마 정부 시절 발굴된 셰일가스 때문이라고 말한다. 미국이 외국에서 피를 흘린 이유는 페르시아

❋ 198 ❋
부자의 서재에는 반드시 인문학 책이 놓여 있다

만으로부터 석유를 안전히 지키기 위해서인데, 셰일가스 때문에 그럴 이유가 없어졌다. 호랑이가 사라진 무주공산에 여우, 오소리, 원숭이, 족제비 등이 서로에게 죽자 살자 달려드는 꼴이 현재의 정세이다.

러시아와 우크라이나의 전쟁을 정확히 예측한 피터 자이한은, 이어서 동아시아가 피비린내 나는 전쟁터로 바뀔 것이라 말한다. 중동에서는 사우디와 이스라엘이 손잡고 이란을 선제공격할 것이며, 전 세계는 다발적인 세계대전으로 들끓게 되리라는 것이 그의 예측이다.

그에 따르면 동아시아 전쟁을 피하는 한 가지 방법이 있는데, 중국이 대만을 치기 전에 먼저 망하는 것이다. 그리고 그럴 가능성은 농후하다고 피터 자이한은 말한다. 중국은 치명적인 한 자녀 정책 때문에 인구 고령화를 피할 수가 없고, 이는 경제 성장률의 폭락으로 이어질 것이라고 이 책은 말한다. 여기서 주목할 것은, 중국의 합계출산률은 1.32명으로 0.78명인 우리보다는 그래도 많이 높다는 것이다. 안타깝게도, 자이한은 세계화의 가장 큰 수혜자였던 한국이 세계화의 종말에서 가장 큰 피해자가 될 것이라고 지목한다.

중국은 왜 붕괴할 수밖에 없는가?

저자가 중국 붕괴 필연론을 펼치는 가장 큰 이유는 언젠가는 터질 부채 때문이다. 중국 경제는 소비 경제도 아니고 수출 경제도 아니며, 융자 경제이다. 지방정부와 좀비 상태의 기업이 갖고 있는 수경 원의 부채가 언젠가는 터질 수밖에 없다.

중국은 희토류 때문에 망할 리가 없다고 주장하는 이들도 있다. 물론 중국은 1980년대 이전에 비해 희토류 원가를 4분의 1로 낮춰 세계에 공급했기 때문에 전 세계의 디지털 혁명에 기여했음을 저자도 인정한다. 그러나 이 책에 따르면, 중국은 절대 희토류로 세계를 위협할 수 없다. 희토류의 실제 가치는 상당히 흔한 원광에 있지 않고, 거의 한 세기 전에 완성된 정제 공장에도 있지 않으며, 희토류 금속을 최종 제품에 들어갈 부품으로 만드는 작업에 있기 때문이다. 그런데 중국은 그 작업 역량이 결코 뛰어난 수준이 아니라는 것이다.

중국은 온갖 위험을 감수하고 보조금을 지급해 희토류를 생산하지만, 부가가치 작업을 통해 그 결실을 챙기는 중국 기업은 단 하나도 없다. 희토류 원광은 희귀하지도 않고, 가공 과정은 비밀도 아니며, 중국이 희토류를 무기 삼아 처음 세계를 위협한 지 10년도 더 되었기 때문에 이미 남아프리카, 미국,

호주, 말레이지아, 프랑스는 예비용 채광과 가공시설을 갖추고서 대비하고 있다. 지금은 중국 희토류를 여전히 싼 가격에 확보할 수 있으므로 시설을 활발하게 가동하지 않을 뿐이라는 것이 그의 설명이다. 중국 희토류가 내일 당장 세계 시장에서 사라진다면 대기하고 있는 시설들이 즉시 가공에 착수할 것이고 수개 월 안에 중국의 수출 물량 전체를 대체할 가능성이 크다. 길게 잡아도 1년이면 충분하다는 이야기다.

시장주의자로서 때로는 시진핑에 반기를 들었던 리커창이 물러나면서 시진핑에게는 현재 반대자가 없다. 그가 중국 인민에게 적어도 두 가지, 미국을 뛰어넘는 세계 최강의 경제 그리고 대만과의 통일을 선사하지 못하는 한 중국 시진핑의 영구 독재도 종말을 고할 가능성이 있으리라고 생각을 보태어본다.

자이한이 보기에는 대한민국의 미래 또한 밝지 않다고는 하지만, 난관을 헤쳐나가는 불굴의 의지 또한 대한민국 국민에게는 있다는 그의 주장을 믿어본다면 좋겠다. 결국 우리는 이 문제를 해결할 수 있을 것이다.

준세계대전이었던 임진왜란을 통해
세계 패권의 이동을 읽는다

임진왜란을 '난'이라 할 수 없는 이유

미국의 역사학자 케네스 스워프Kenneth M. Swope는 우리가 임진
왜란이라고 부르는 전쟁을 '제1차 동아시아 전쟁'으로 부르는
게 맞다고 주장한다. 일견 일리 있는 말이다. 우선 일본과 조선
은 서로 다른 나라였으니 '난'이란 표현은 어울리지 않는다. 난
은 주로 한 나라 안의 내전이나 내분을 뜻하니 말이다. 참고로
말하자면, 병자호란도 마찬가지로 '조청 전쟁'이라 부르는 것

이 적절하다는 의견이 있다. '호^胡' 자는 '오랑캐'를 의미하므로, 한족 아니면 모두가 오랑캐라고 생각하는 사대주의의 발로라는 주장도 충분히 일리가 있다.

임진왜란이 당시로서는 국지전이 아닌 거의 준세계대전급이라는 증거는 이렇다. 일단 이 전쟁은 규모 면에서 '난'이라는 작은 단어를 붙이기가 어렵다. 조선의 사망자 수가 100만 명으로 당시 인구의 무려 12.5퍼센트에 달하는 숫자였고, 일본군의 사망자도 20만 명이라는 엄청난 수준이었다. 명나라 군대까지 포함하면 모두 125만 가까운 숫자가 이 전쟁으로 사망했는데 당시 동양, 서양, 이슬람 문명까지 포함하여 그 어떤 전쟁에서도 그 정도 규모의 사망자가 발생한 경우가 없었다. 현재의 인구로 환산하면 1,000만 명을 훌쩍 넘는 사람들이 목숨을 잃은 셈이다. 이 정도 사망자가 나온 선생은 제1차 세계대전과 제2차 세계대전 외에는 떠오르지 않는다.

임진왜란과 제2차 세계대전의 공통점

이 전쟁의 원인과 양상을 살펴보면 제2차 세계대전과 가장 유사하다. 임진왜란은 도요토미 히데요시가 자신의 미천한 신분을 털어내고 일본 내 정치 권력을 강화하려 했던, 개인의 과대 망상에서부터 시작되었다. 제2차 세계대전을 일으킨 히틀러 역시 과대망상가였으며 미천한 신분의 벽을 넘어서고자 갈망하던 인물이다. 도요토미 헤데요시가 주군 오다 노부나가에 발탁되기 전에는 농부의 아들이었다면, 히틀러는 부모가 모두 일찍 세상을 떠나 사실상 고아였고 오스트리아의 빈에서 행려자로 생활한 적도 있었다. 히틀러는 잘난 프로이센 장군들의 기를 꺾기 위해 군부와 마찰을 빚어가며 제2차 세계대전을 일으켰다. 임진왜란과 제2차 세계대전 모두, 두 미치광이의 죽음과 함께 끝이 났다.

또 한 가지 공통점은, 미친 독재자의 망상을 끝장낸 인물이 그전까지는 수면 위로 드러나지 않다가 혜성과 같이 등장한 존재였다는 사실이다. 1937년, 당시 소련군의 정신적 리더이며 최고 실세였던 투하쳅스키Mikhail Nikolaevich Tukhachevskii는 쿠데타의 주모자로 지목되어 스탈린으로부터 숙청을 당했다. 투하쳅스키뿐 아니라, 4성 장군 15명 중 13명이 그와 함께 처형됐다. 이 사건이 결정적 계기가 되어, 히틀러는 스탈린과의 약속을 배신하고 등 뒤에서 비수를 꽂았다. 그런데 히틀러가 몰랐던 사실이 한 가지 있었으니, 투하쳅스키보다도 훨씬

부자의 서재에는 반드시 인문학 책이 놓여 있다

더 무서운 존재가 숨어 있었다는 것이다. 바로 당시 벨로루스 총사령관이었던 게오르기 주코프$^{Georgy\ K.\ Zhukov}$ 장군이다. 그는 1939년 여름, 잠시 만주로 무대를 옮겨 노몬한에서 관동군을 궤멸하고 유럽으로 복귀한 뒤 레닌그라드를 막아낸 후, 모스크바 코앞까지 진출한 독일군을 멈춰 세웠다. 그리고 러시아 쿠르스크에서 히틀러의 꿈을 완전히 무너뜨린다.

히데요시 역시 전쟁 초반에는 조선에 싸울 수 있는 장수, 특히 수군은 남아 있지 않다고 철썩같이 믿었다. 따라서 전투는 물론 병참에서도 압승을 예상했다. 그는 이순신 장군의 존재를 몰랐고, 그런 장군이 전쟁 중에 등장해 판세를 바꿀 수 있으리라고는 더더군다나 상상치 못했다.

물론 두 전쟁의 차이점도 있다. 제2차 세계대전은 히틀러에게 거의 100퍼센트 개전 책임이 있었으며, 그는 독소전에서 패배하면서 수도를 빼앗기기 전에 어쩔 수 없이 자살을 선택했다. 히데요시는 아쉽게도 자연사, 즉 병사했다. 위암, 매독 등 여러 설이 있지만 확인된 바는 없다. 여기에 대해 작가 엔도 슈사쿠는 소설《숙적》에서 놀라운 가설을 제기하기도 했다. 이 소설은 임진왜란 당시 조선 정벌 선봉장이었던 고니시 유키나가와 두 번째로 조선에 상륙했던 가토 기요마사의 라이벌

관계를 다루는데, 전쟁에 반대했던 고니시 유키나가의 부인이
몰래 독극물을 탄 차를 장기간에 걸쳐 히데요시가 복음하도록
유도해 독극물 중독으로 죽었다는 주장이다. 물론 소설가의 상
상력이다.

세계 최강의 전투력이 맞붙은 전쟁

이 전쟁이 세계대전 수준이라는 사실은 참전국들이 보여준 군
사력으로도 증명된다. 당시 일본군은 세계 최고의 조총 부대를
보유하고 있었는데, 조총의 원조인 포르투갈을 능가할 정도의
최신식 개량 회기였다. 일본군은 세계 최초로 조총 부대를 3열
로 배열하여 전쟁 초기 육지전에서 무자비한 파괴력을 발휘했
다. 100년 동안 치른 내부 전쟁을 통해 실전 경험을 갈고 닦은
육군, 그리고 전술에 능한 장군들을 보유하고 있었다.

우리의 수군은 어땠을까? 어느 누구도 이순신 장군의 전술
과 거북선의 화력이 당시 세계 최강임을 부정하기는 어려울
것이다. 러일 전쟁 때 러시아의 발틱 함대를 박살 낸 일본의 도
고 헤이하치로 해군 제독은 자신을 이순신 장군과 비교하는
평가를 듣고 이렇게 말했다.

"넬슨이라면 모를까, 나는 이순신 장군과는 비교도 되지 않는다."

중국의 명나라는 어떨까? 명나라는 당시 미얀마와 전쟁 중이었고 북쪽에서는 청나라와 충돌 중이었다. 그래서 전력을 쏟아붓지는 못했지만 당시 명나라가 보유한 대포는 대포의 원조 네덜란드의 무기를 개량한 것으로 세계 최고 수준의 화력을 지니고 있었다. 임진왜란의 판세를 바꾼 1593년 평양성 전투에서 고니시 유키나가의 선봉대는 명나라 장군 이여송이 이끄는 포병대에 속수무책으로 당했는데, 당시 1만 5,000명 중 10분의 1만이 살아남았다. 이처럼 일본과 조·명 연합군의 실력은 당대 최강의 전투력이라고 해도 과언이 아니다.

전쟁이 세 나라에 미친 영향

전쟁이 세 나라에 미친 영향은 너무나 컸다. 우리는 시산혈해 屍山血海 속에서 굶주린 백성들이 서로 잡아먹는 최악의 기근도 경험했다. 사실상 조선의 리더십은 완전히 붕괴된 상황에서 30년 뒤에 병자호란이라는 또 한 번의 국란을 치르게 되고, 조선은 망국의 길에 서서히 이르게 된다.

일본 역시 완전한 권력 교체가 이루어진다. 히데요시는 자신과 자신을 지지하는 다이묘의 군대를 조선에 파병하느라, 2인자로서 조선 파병에 참여하지 않았던 도쿠가와 이에야스를 견제할 수 없었다. 히데요시는 죽기 직전 나고야에 있던 자신의 사병 5만 명을 에도에 보내 도쿠가와를 치라고 심복 마에다에게 지시하지만 마에다는 그럴 용기를 내지 못한다. 결국 히데요시가 죽자 도쿠가와는 히데요시의 아들 히데요리와 그의 세력을 세키가와라에서 물리치고 일본을 300년간 통치하게 된다.

중국은 명나라가 결국 전쟁 후유증으로 무너지고 북방의 이민족인 청나라에게 중원을 넘겨준다. 이민족에게 지배받기 싫다고 중국을 떠나 동남아로 흩어진 한족들이 오늘날 동남아시아의 상권을 완전히 장악하고 있는 화교가 되었다.

마치 유럽의 세계 지배가 두 차례의 세계대전을 통해 막을 내리고 미국과 소련이 주도하는 냉전 체제가 펼쳐졌듯이 제1차 동아시아 전쟁은 동아시아 3대 강국의 운명을 흔들었다. 명나라는 패망했고, 조선은 쇠락했으며, 일본은 쇄국의 길을 걸었다. 그것이 동양이 쥐던 세상의 주도권을 서양에게 내준 계기가 아니었을까 한다.

한편으로는 이런 의구심도 든다. 케네스 교수가 임진왜란

부자의 서재에는 반드시 인문학 책이 놓여 있다

을 제1차 동아시아 전쟁이라고 이름 붙인다면, 혹시 2차 전쟁도 염두에 둔 것은 아닐까? 예를 들어 중국의 대만 침공이 조만간 현실화되고 이에 따라 일본과 한국 내의 미군이 참전하면서 다시 한 번 제2차 동아시아 전쟁이 일어날 가능성을 예상하고 있는 것은 아닌가 우려도 된다. 미국 태평양 함대가 참전하는 순간 당연히 중국군은 평택의 미군기지를 공격할 것이고, 우리는 결국 6·25전쟁에 이은 제2의 전쟁을 중국과 치르게 될지도 모른다는 암울한 상상을 해본다.

도요토미 히데요시에 이어 히틀러 그리고 푸틴까지, 모두가 원하지 않더라도 한 사람의 미치광이 리더가 잘못된 판단을 내릴 때 얼마든 세계대전이 일어날 수 있다는 사실을 우리는 역사를 통해 익히 경험해왔다. 물론 시진핑은 앞의 세 사람보다는 훨씬 더 예측 가능한 인물이기에, 어지간해서는 대만 침공으로 동아시아를 전쟁터로 만들지는 않으리라는 사실은 위안이 된다. 시진핑은 '시간은 언제나 중국 편'이라고 말한다. 따라서 시진핑은 무력을 일으키기보다, 대만이 내부 분열로 스스로 붕괴할 때까지 기다리는 중일지도 모른다.

러시아-우크라이나 전쟁은
이미 100년 전에 예고됐다

우크라이나를 빼앗긴 이후의 세계

19세기에 활약한 해퍼드 존 매킨더^{Halford John Mackinder}는 대단한 지정학 전문가였다. 당시 영국을 대표하는 지리학자였던 그는 놀랍게도 지금 우크라이나와 러시아가 벌이는 전쟁을 예측하는 탁월한 선견지명을 발휘했다. 그의 책《심장지대》가 국내 첫 공개되면서 그의 놀라운 통찰력을 확인할 수 있는 좋은 계기가 되었다. 그의 말을 아래에 짧게 인용해본다.

"러시아는 폴란드로, 스칸디나비아로, 핀란드로, 터키로, 페르시아로, 인도로, 또 최근에는 중국으로 차례차례 압박을 가하고 있다. 마치 독일이 유럽에서 그러하듯, 러시아가 세계 전체와의 관계에서 전략상 중추의 지위를 취하고 있다고 할 수 있다. 다시 말해, 러시아는 북쪽 방향만 빼고 그 외 모든 방향으로 치고 나갈 수 있으며, 동시에 어느 쪽으로든 공격받을 가능성이 있다."

러시아, 우크라이나, 조지아, 아르메니아 등이 있는 스텝 지대를 저자는 심장지대라고 표현한다. 몽골을 비롯해서 투르크, 러시아, 그리고 앵글로색슨들이 이 심장지대를 놓고 치열한 싸움을 벌였다. 지구의 중심부에 있으면서 북쪽을 제외한 전 방향으로 나갈 수도 있고 침략받을 수도 있는 상황에서 강대해진 러시아는 서진을 선택했다. 러시아는 당시 독일과 전쟁 중이었고 영미 앵글로색슨과는 협력관계였는데, 매킨더는 머지 않아 러시아의 팽창이 앵글로색슨을 위협할 거라고 내다보았다. 지금은 상황이 더욱 심각해졌다. 우크라이나를 빼앗기면 그다음은 발트 3국, 그다음에는 폴란드, 체코, 헝가리, 불가리아 등의 동유럽 국가가 위험하다는 걸 알기에 나토와 미국은 필사적으로 우크라이나가 붕괴되지 않도록 지원을 다하고 있다.

해양과 대륙, 어느 쪽이 승리할 것인가?

19세기 후반 영국은 세계 최강의 해군을 보유하고 세계를 거의 다 지배하다시피 했다. 그런 영국의 학자였지만 매킨더는 해양 세력과 대륙 세력의 대결에서 결국은 대륙 세력이 이길 것이라고 내다보았다. 그는 독일과 러시아, 중국 중에서 최강자가 탄생할 것이라 판단했는데, 그 이유는 인구수 때문이다. 대륙 세력의 인구는 해양 세력의 인구의 15배나 된다. 지금으로부터 100년도 더 전인 당시, 누구나 미국이 떠오르는 태양이라고 생각할 때 매킨더는 해양 세력인 미국보다는 러시아나 중국의 부상을 생각했을 정도로 그의 선견지명은 뛰어났다.

그의 말대로 영국은 20세기 초반까지는 러시아를 잠재적 석으로 규정해 러일 전쟁에서 일본을 도왔으나, 제1차 세계대전부터는 러시아와 손을 잡고 독일을 견제하기 시작했다. 그때 영국이 러시아 대신 독일과 동맹을 맺어 러시아를 견제했더라면 역사는 어떻게 바뀌었을까? 러시아는 스탈린의 강력한 리더십과 천연의 지리적 이점을 등에 업고 제2차 세계대전에서 무적이었던 독일을 격파한 뒤 지금은 미국에 이은 세계 2위의 군사 대국으로 굳건히 자리를 지키고 있다. 러시아는 재래식 전투에서는 미국에 밀릴지 몰라도 핵 전력에서는 밀리지 않는다. 극초음파 미사일을 이용한 러시아의 핵 공격을 현재 미국의 방어 시스템으로는 막을 수가 없기 때문이다. 지금의 러시아는 최강의 핵 보유국일 뿐 아니라 극단적 민족주의자가 정권을 잡고 있다는 점에서 맥킨더가 활동했던 20세기 초반은 물론, 그 어느 시점보다도 위험한 국가로 위력을 과시하고 있다.

미국 최악의 시나리오

《심장지대》가 러시아가 불러올 위협을 지정학적 관점에서 예언한 책이었다면, 역사학자 앨프리드 맥코이Alfred McCoy가 집필한《대전환》은 중국이 부상하고 미국이 몰락한 가까운 미래를 상상하는 책이다. 멀지 않은 2030년, 미국에 닥칠 최악의 시나리오는 어떤 모습인지 살펴보자.

1. 첫 번째 시나리오

2030년의 시점에서 마지막 10년은 미국에게 물가 상승, 실질 임금 하락, 국가 경쟁력 악화로 인한 퇴보의 세기로 기억된다. 눈덩이처럼 불어난 적자는 달러의 가치를 대폭 하락시켜 마침내 2030년 달러는 기축 통화로서 자격을 상실한다. 이후 의류에서 컴퓨터까지 모든 수입품의 가격이 살인적으로 급상승한다. 설상가상으로 인구의 노령화가 급속히 진행된 미국은 GDP 대비 의료비 지출 비율이 2010년 17.3퍼센트 수준이었던 데서 수직상승하여 이 추세라면 2050년 30퍼센트에 도달할 지경이다. 냉전 시대 7퍼센트까지 차지했던 국방비는 2030년 드디어 2퍼센트 밑으로 떨어진다. 국민 분열의 골은 깊어지고 신시내티와 세인트루이스 등에서는 거대한 성조기로 뒤덮인 반중 시위가 일어난다. 하지만 미국의 동맹국들이 모두 흩어져 떠나간 가운데 세계는 미국의 침몰을 조용히 지켜볼 뿐이다.

2. 두 번째 시나리오

날로 커지는 경제력을 배경으로 베이징은 한국에서부터 인도네시아까지 원호를 그리며 늘어선 섬과 수로에 대한 권리를 주장하기 시작한다. 워싱턴이 남중국해의 패권을 주장하며 태평양 함대를 이동시키자 두 나라는 전쟁 일보 직전까지 간다. 중국은 미국을 상대로 악성코드 전쟁을 시작한다. 미국도 비장의 슈퍼컴퓨터가 만든 악성 코드로 맞불을 놓지만 완벽한 보안을 자랑하는 중국 양자 컴퓨터 네트워크 해킹에 실패한다. 수천 기의 미사일이 텅 빈 바다로 투하되고, 이로써 미국의 무인 항공 무기는 사실상 무력화된다. 백악관은 보복 공격에 나선다. 공군 사령관들은 400킬로미터 상공을 선회하는 X-37B 우주 드론 편대에 미사일 발사 코드를 전송한다. 하지만 이번에도 발사 코드가 말을 듣지 않는다. 미국은 드디어 중국을 향해 전술핵을 발사하지만 이 미사일도 태평양으로 곤두박질친다. 중국의 사이버 역량은 한때 겨룰 자가 없었던 미국의 군사력을 무력화하여 승리를 거머쥔다. 미국은 제3차 세계대전에서 패배했다.

《대전환》의 저자인 위스콘신대학 앨프리드 맥코이 교수는 로마와 알렉산더, 몽골제국과 대영제국이 그랬듯이 미국 역시 몰락할 것이라고 전망한다. 그는 이 책에서, 경제적 지배권과 군사적 우위를 잃은 미국이 겪게 될 운명을 예언한다. 바로 패권국이 신흥국의 부흥을 막기 위해 먼저 전쟁을 일으키는 역사적 패턴 '투기디데스의 함정'이 다시 반복된다는 이야기이다. 좌파 지식인인 저자는 그러한 미국의 몰락을, 미국이 전 세계 경찰국가를 자처하면서 빚어낸 온갖 만행에 대한 인과응보로 해석한다.

1945년 미국의 대통령이 트루먼으로 바뀌면서 미국의 대원칙인 '민주주의 국가만을 지지한다'는 신념은 무너졌다. 소련에 반대하고 공산주의자와 맞서기만 한다면 마약 밀매업자, 국민을 학살한 독재자들도 파트너로 인정하고 때로는 쿠데타에 개입해 수많은 사람들을 죽음으로 몰아넣은 역사적 범죄에 대한 응징이라는 것이다. CIA와 아이젠하워 때 만들어진 미국 국가안전보장국NSA은 세계 각지에서 만나는 민족주의와 민심의 변화를 제대로 읽지 못하고 있으며 갈수록 무능해지는 구제불능의 조직이라고 단언한다.

미국과 중국의 경제력은 역전될 것인가

《대전환》은 1부에서 제국주의 국가 미국이 필리핀 같은 식민지 국가들, 동맹국이라는 이름의 준식민지 국가들에게 처참한 범죄를 저질러온 역사를 고발한다. 2부에서는 그가 생각하는 미국 몰락의 신호탄인 2003년 이라크 전쟁을 계기로 수면에 드러난 고문의 역사를 보여주며, 미국뿐 아니라 동맹국까지 포함하여 전 세계를 감시하는 미국의 방대한 정보 감시 시스템 트리플 케모퍼 전략을 소개한다. 3부에서는 중동에서 빠져나오는 대신 중국을 견제하려 했던 오바마 외교의 득과 실을 따진다.

지정학적 관점에서 세계사의 흐름을 내다보고자 했던 좋은 시도였지만, 이 책은 존 매킨더의 《심장지대》처럼 날카로운 통찰력을 보여준다기보다는 저자의 과감한 상상을 엿볼 수 있는 책이다. 다만, 중국과 미국의 경제력이 역전되리라는 저자의 판단은 눈여겨보아도 좋을 듯하다. 2015년부터 지금까지 미국이 50퍼센트 성장했다면, 중국은 3배의 성장을 이루었다. 특허 출원에서도 2014년 중국은 미국을 추월해 전 세계 특허 출원의 50퍼센트를 차지했다. 또한 중국은 현재 슈퍼컴퓨터를 세계에서 가장 많이 보유한 나라다. 167대를 확보하여 165대를 보유한 미국을 제쳤다.

저자는 말한다. 역사의 시계는 멈추지 않는다고. 미국이 영국의 선례를 따라, 자국의 이익을 보호하고 번영을 보존하기 위해 다음에 올 패권 국가에게 안전하게 세계 질서를 이행할 것인지는 누구도 알 수 없는 일이다. 또한 우크라이나와의 전쟁 끝에 러시아의 국운이 다할지, 혹은 미국과 시방 국가들의 패권주의와 간섭에 반감을 품은 제3세계 국가들이 러시아의 행동을 두둔하고 나설지 또한 지금으로서는 알 수 없다. 중요한 것은 반복된 역사 속에서 지정학이라는 중요한 실마리를 근거 삼아, 다양한 변수와 기회에 대비해야 한다는 사실이다.

부동산 부자들이
여전히 부동산 책을 읽는 이유

정부도 건드리지 못하는 재테크 수단

월가의 영웅이자 전설인 피터 린치^{Peter Lynch}를 비롯해 미국의 슈퍼리치들은 주식 투자를 하기 전에 반드시 집부터 장만하라고 입을 모아 말한다. 대치동 키즈라는 부동산 투자 전문가가 쓴 책 제목처럼 '내 집 없는 부자는 없다'라는 말은 국경을 초월해 진리인 셈이다. 가정을 이룬 30대, 40대 이후에 내 집 없이 전세살이를 하며 2년, 4년 단위로 이사를 가야 한다면 우선

집을 마련하는 일에 집중한 뒤 주식 등에 투자하여 자본 소득을 만드는 것이 바람직하다. 삶의 기본인 의식주에서 불편이 없어야 투자할 여력도 생겨나는 법이다. 피터 린치 외에 워런 버핏도 내 집 장만이 주는 심리적 안정감이 주식 투자에 절대적으로 필요한 판단력과 결단력에 큰 영향을 미친다고 보았다.

우리나라의 경우, 부동산 투자에 강경책을 내놓는 정부라 할지라도 함부로 건드리지 않는 영역이 있다. 바로 청약이다. 무주택자들이 집을 마련할 수 있는 가장 좋은 기회이기 때문이다. 즉, 투기가 목적이 아닌 실거주자 위주의 주택 거래는 세제 혜택 등 여러 지원을 아끼지 않고 있다. 물론 청약에 당첨되려면 일정 기간의 무주택(15년 이상 최대 32점), 그리고 일정 수의 부양가족(최대 6명 이상 35점), 여기에 6개월 이상의 가입 기간(15년 이상 최대 17점)이라는 조건을 충족해야 하며, 선호도 높은 지역의 경쟁률은 굉장히 치열하다. 수많은 부자들도 처음에는 청약이라는 단계를 거친 경우가 상당히 많을 것이다.

청약 공부가 필요한 이유

《아는 만큼 당첨되는 청약의 기술》를 쓴 청약 전문강사 정숙희 저자는, 실거주는 당연하고, 투자하는 입장에서도 청약만큼 매력적인 것이 없다고 말한다. 흔히들 생각하기를, 청약이란 것이 추첨 아니면 가점에 따라 결정되는 데 굳이 따로 공부할 필요가 있느냐고 하겠지만 실제는 그렇지 않다. 경매 학원처럼 청약 당첨 확률을 높이는 학원이 있을 정도다.

청약이 매력적인 이유는 당첨만 된다면 계약금만 있어도 일단 시작할 수 있기 때문이다. 분양받은 아파트는 소득 증빙만 되면 중도금대출이 여전히 잘 나오고, 중도금대출이 모두 나오지 않는 규제 지역이라도 여러 방법으로 자금 충당이 가능하다. 그리고 수도권을 제외한 나머지 지역에서는 여전히 분양권 전매가 가능하기 때문에, 이를 이용하면 취득세와 재산세, 종부세 등 부동산 보유로 인한 다양한 세금에서도 벗어날 수 있다. 저자는 만약 전매 제한이 있는 지역이라고 하더라도 기회는 있다고 말한다. 전매 제한이 6개월인 아파트에 당첨되었다면 일단 입주하고 2년 후 입주 시기에 아파트 가격이 오르면 시세 차익을 낼 수 있다. 실거주자라면 분양가 기준이 아니라 입주할 때 오른 시세 기준으로 대출을 받는 것도 가능하다. 저자는 이렇게 말한다.

"5억짜리 아파트를 분양받으려면 5억이 다 있어야 하는 줄 아는 사람들이 있습니다. 실제로는 그렇지 않습니다. 청약과 분양권의 최고 매력은 실제 투자금액, 즉 실투금이 적다는 것입니다. 분양가의 10퍼센트 혹은 20퍼센트(규제지역)에 해당하는 계약금만 있으면 일단 청약에 도전할 수 있습니다."

청약이라면 높은 경쟁률 때문에 지레 포기하는 사람들도 있다. 저자는 이때 생애 한 번 있는 특별공급(이하 특공)을 주목하라고 강조한다. 많은 사람들은 나는 신혼부부도 아니고 다자녀도 아니고 장애인도 아니니까 해당 사항이 없는 줄 알고 넘어가는데 청약 공고를 잘 보면 여기에 해당하지 않는 경우에도 기회가 얼마든지 있다는 것이다.

청약 성공의 1단계는 자신에게 해당하는 특별공급을 찾는 것이다. 예를 들면 중소기업 특별공급이라는 것이 있다. 저자는 이를 꿀단지에 비유한다. 중소기업 근무 5년 이상이면 무주택자가 아니더라도 혜택을 받을 수 있다. 직장을 이전한 사람에게 혜택을 주는 이전기관종사자 특별공급도 있다. 65세 이상 부모님과 함께 살고 있다면 노부모 부양 특공에 도전해볼 수 있다. 요즘처럼 부모님과 따로 사는 문화에서는 희소성이 있는 조건이라 낮은 가점에도 당첨 확률을 높일 수 있는 좋은 기회가 된다.

부동산의 인문학

부동산에서 청약을 공부했다면, 이제 중요한 한 가지가 남은 셈이다. 바로 입지에 대한 공부다. 《부자의 지도》를 쓴 부동산 전문가 빠숑(김학렬)은 부동산을 투자의 수단으로 생각하는 사람이라면 지리 공부가 필수라고 말한다. 그는 또 다른 저서 《부자의 독서》에서 제레드 다이아몬드Jared Mason Diamond의 《총 균쇠》 같은 인문학 서적도 부동산 마인드를 키워줄 좋은 책이라고 말한다. 강대국과 그렇지 못한 나라들의 차이를 보면 세계사의 흐름 역시 입지가 전부였다.

또한 《책으로 시작하는 부동산 공부》의 저자 레비앙은 부동산 공부라는 것이 결국에는 사람이 살고 싶은 집을 공부한다는 뜻이기에 강남 아파트가 최종 목표라고 해도 자신이 살고 있는 지역부터 제대로 분석하는 힘을 키우는 게 중요하다고 강조한다. 여행을 가더라도 맛집과 볼거리만 찾지 말고 그 지역의 부동산을 가볼 것이며, 차로 드라이브하기보다는 마을버스를 타고 동네를 둘러보거나 택시를 타고 동네에 대해 물어보는 게 지리 공부이자 부동산 공부라는 이야기다.

실제로 우리나라 부자들은 주식보다는 부동산으로 돈을 번 사람들이다. 그리고 부동산 투자의 본질이 경제학적이라기보다 인문학적임을 그들은 잘 안다. 가장 큰 이유는, 부동산의 가치는 지금이나 과거나 미래나 '입지'가 정하기 때문이다. 부동산은 특정 시대나 문화를 반영하는 역사적, 문화적 가치를 지닐 수 있다. 그래서 강남의 아파트가 왜 그렇게 비싼지는 우리나라 역사책을 읽어보면 답을 찾을 수 있다. 고려 시대부터 이어져온 유교의 전통과, 학문으로 입신양명하겠다는 의지에서부터 시작된다고 보아도 좋을 것이다.

또한 부동산은 단순한 투자 대상이 아닌, 사람들이 생활하고 일하며 상호작용하는 공간을 제공한다. 이러한 공간적 경험은 실용성과 심미적 가치를 동시에 지닌다. 공간적 경험이라는 요소 또한 주관적이며 이를 경제적으로 설명할 방법은 없다. 주거용 부동산의 경우, 특정 지역 사회에 내한 소속감과 안정감을 제공하며, 세대 간 문화와 가치를 전달하는 역할까지 겸할 수 있다.

그렇기에 부동산으로 돈을 벌고자 하는 사람이라면 부동산을 경제적 가치로 환산하는 것만이 아니라 인문학적 관점으로 대하는 시선이 필요하다.

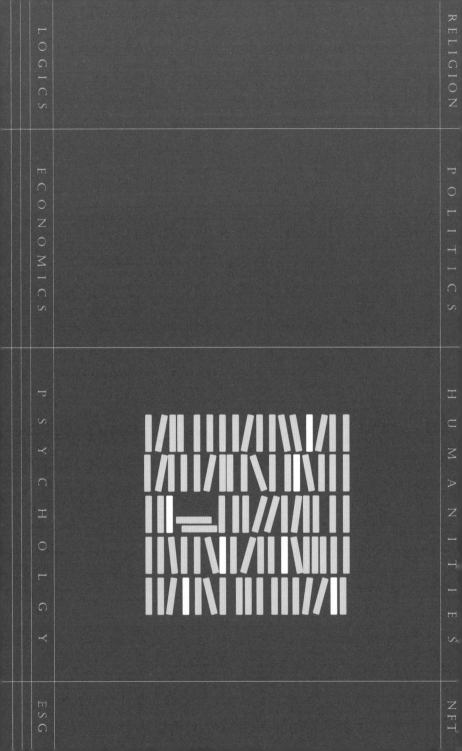

LOGICS

ECONOMICS

PSYCHOLGY

ESG

RELIGION

POLITICS

HUMANITIES

NFT

4부

부자들은 문학에서
자본주의의
미래를 그린다

서양이 없었다면 세계사에
자본주의가 등장할 수 있었을까?

유럽이 사라진 세계를 상상하다

일론 머스크, 제프 베이조스, 마크 저커버그. 세 사람의 공통점은 셋 다 문학 그중에서도 SF 문학광이라는 것이다. 이들은 특히 지금부터 소개하고자 하는 대체역사물 작가의 소설을 좋아한다. 대체역사 소설은 흔히 SF 소설로 분류되지만, 과학적 상상력보다는 작가의 역사 지식과 역사 인식에 따라 작품의 성패가 좌우되는 경우가 많다.

부자의 서재에는 반드시 인문학 책이 놓여 있다

화성 삼부작 등으로 두 차례나 휴고상 장편상을 수상한 미국의 킴 스텐리 로빈슨^Kim Stanley Robinson의 《쌀과 소금의 시대》는 흑사병이 유럽에 퍼질 때 유럽 인구의 절반이 아닌 거의 전부가 죽음을 맞이했다는 상상을 바탕으로 한다. 역사에서 백인 즉 서양이 완전히 사라지고 이슬람과 중국, 인도 등 동양만의 역사가 세계사의 전부가 된 세상이 펼쳐진다.

작가 스텐리 로빈슨은 미국 민주당 지지자로 정치적 좌파 입장을 취하고 있으며, 그의 부인은 환경독성학을 전공한 과학자로 환경 문제에 적극적으로 발언하고 있다. 이러한 배경 때문에 이처럼 충격적인 주제에 도전할 수 있었던 듯하다.

이 소설의 등장인물과 역사적 사건은 허구와 사실을 적당히 섞어 흥미를 배가했으며, 역사가 이어지는 중간중간에는 환생의 통로인 '바르도'라 불리는 영계를 등장시켜 판타지적 요소를 가미하고 있다.

소설 속 가상의 역사적 배경은 700년가량의 시기를 아우른다. 1300년대 후반, 중앙아시아의 도시들을 무참히 파괴하고 대량 학살을 자행한 티무르 제국의 등장부터 무슬림과 중국이 세계대전을 치르는 20세기까지의 700년 정도의 역사를 다루는데, 등장인물들은 불교식 환생을 통해 이름만 바뀌며 다양한 모습으로 계속 등장한다.

4부. 부자들은 문학에서 자본주의의 미래를 그린다

작가의 동양 역사에 대한 지식과 사상에 대한 이해는 정말 대단하다는 찬사를 받을 만하다. 하지만 기독교 문명권의 미국 독자들은 그리 좋아할 만한 내용이 아닌 데다 출간 시점이 9·11 테러가 일어난 후라, 전작 화성 시리즈만큼 주목받거나 대중적 성공을 거두지는 못했다. 당시는 반이슬람 정서가 극에 달할 때였으니 소설 속에 이슬람 문명과 종교에 대한 긍정적 묘사들이 거부감을 일으켰을 수도 있다. 작가로서는 그런 분위기가 창작 욕구를 되레 자극할 수도 있었을 테지만 말이다. 종교로서 이슬람의 매력을 저자는 이렇게 말한다.

"불균등하게 성장하는 불평등한 세계에서 나이와 성, 직업, 인종, 국적에 상관없이 신 앞에 모두 평등한 세상을 말했단 사실이다. 이슬람의 매력은 바로 여기에 있었다. 가장 숭요한 영역. 즉 불멸의 영적인 영역에서 불평등이 무가 되어 사라진다는 사실."

소설 속의 이슬람

초창기 이슬람교는 지금과는 많이 달랐다. 포용도 있었고, 선택의 자유도 존재했다. 소설 속에는, 칼리프가 잉글랜드 출신의 임신 중인 백인 여성을 부인으로 맞으면서 백인의 혈통을 보존하기 위해 그 아이를 잘 키우라고 지시하는 장면도 나온다. 역사상 전개된 이슬람교의 양상을 볼 때, 인종과 국적에 상관없이 평등했다는 서술은 사실에 가깝다. 특히 인종 문제로부터 자유롭다는 점 때문에 말콤X^{Malcolm X}나 무하마드 알리^{Muhammad Ali} 같은 미국의 유명한 흑인 인사들이 이슬람교로 개종하기도 했다.

그러나 이슬람교가 인류의 절반인 여성에게도 평등했을까? 책 후반부에는 무슬림이 중국과의 전쟁에서 진 뒤 내부 개혁을 부르짖는 목소리가 불거진다. 이때 내부 반성의 목소리가 나오는데 "이슬람에서 여성의 권리 부재는, 인구의 절반을 아무것도 생산하지 못하는 무지한 가축으로 전락시킨 동시에 우리에게 전쟁의 패배를 안겨주었다"는 것이다.

소설 속에서 중국은 무슬림과의 전쟁에서 승리하지만 전 세계를 지배하지는 못한다. 그 이유는 인도와 아메리카 대륙의 문명 때문이다. 이들은 이슬람과 중국 사이에서 다른 목소리를 내는 제3, 제4의 문명이었는데, 특히 인도 문명의 약진이 눈부시게 그려진다. 증기선을 비롯한 산업혁명의 기술들이 수학에 강한 인도에서 발흥해 중국과 이슬람으로 건너간 것으로 묘사

된다.

작가가 일본의 존재를 유럽 문명의 유대인처럼 그린 것도 특기할 만하다. 중국의 침략으로 나라를 잃어 전 세계를 떠돌게 된 일본인들은 때로는 인도인과 손잡고 때로는 북아메리카 인디언 연합과 손을 잡아 중국, 이슬람 문명에 강력하게 저항한다. 특히 인도에 집단 이주한 일본인들은 인도의 과학 기술 발전에 큰 기여를 한다. 마치 독일에 거주한 유대인들이 서양의 물리학과 수학에 큰 기여를 했던 것처럼 말이다.

아쉽게도 한국에 대한 언급은 없다. 임진왜란으로 피해를 많이 입었다는 내용만 나오는데 서양이 없었다면, 그리고 서양에서 조총이 일본으로 넘어오지 않았다면 과연 임진왜란이 일어났을까 라는 궁금증이 드는 대목이다.

인류는 어찌되었든 진보했으리라

이 책의 한결같은 목소리는 서양이 없었더라도 인류의 과학 기술은 진보를 이루었을 것이라는 주장이다. 이슬람 여왕 앞에서 이슬람 과학자가 아리스토텔레스가 어떤 점에서 틀렸는지를 조목조목 설명하는 대목에서는 갈릴레오 갈릴레이가 유럽이 아니라 중동이나 인도에서도 태어날 수 있었으리라는 상상을 하게 만든다. 빛의 속도와 본질에 관한 논쟁 부분에서는, 아인슈타인도 서구의 역사가 아닌 다른 맥락에서 존재할 수 있었음을 암시한다.

물론 민주주의나 자유주의 같은 이념은 중국의 강력한 전제 군주 체제, 이슬람교의 제정일치 사회에서 쉽게 자리 잡기는 어려웠겠지만, 소설에서는 일본계 중국인 혁명가 주이사오를 등장시켜 중국 사회에서 혁명과 변화가 이루어지는 광경을 묘사한다.

결국 저자가 말하고 싶었던 메시지는 민주주의와 자유주의, 인간의 존엄성, 과학 기술의 진보, 자본주의 등의 역사가 서양에서 먼저 시작되었다고 해서 서양이 우월감과 자만심을 가져서는 안 된다는 것이 아닐까 한다. 고대와 중세만이 아니라 근대와 현대 역시 모든 인류가 함께 이뤄낸 진화와 발전으로 이해해야 한다는 것이 결국 저자가 하고 싶었던 말이 아닐까. 사회의 발전, 기술의 진보가 어느 한 사회의 특징이 아니라 인류의 보편적 운명이었음을 깨닫는다면 우리가 현재 누리고 있는 민주주의와 자본주의에 대한 믿음과 확신이 한층 깊어지리라 생각한다.

박경리의 소설에서 한국인의
토지에 대한 본능을 떠올리다

한국인들이 알면서도 모르는 《토지》

박경리 작가의 《토지》를 모르는 한국인은 아마 거의 없을 것이다. 그렇다면 20권에 달하는 이 장편소설을 끝까지 읽은 한국인은 몇 명이나 될까? 특히 비트코인, 메타버스, NFT에 열광하는 20대와 30대 중에서는 박경리의 《토지》를 다 읽은 사람이 얼마 되지 않을 듯하다. 하지만 이 소설이 우리 문학사에 길이 남을 불후의 명작이라는 사실은 앞으로 세월이 한참 더

흐른 뒤에도 변하지 않을 것이다.

《토지》는 동학 농민 운동이 일본군의 기관총 앞에서 장렬히 최후를 맞이한 뒤 2년이 지난 1897년부터 시작한다. 경상도 하동의 평사리에는 만석꾼 최 참판 댁이 5대째 지주로 군림하고 있다. 소설 전체를 이끌어가는 주인공은 최 참판의 딸 서희이다. 《토지》는 최 참판 일가와 마을 농민들이 함께 어우러져 살아가던 19세기의 조용한 조선이 천천히 깨어나는 모습을 역동적으로 그린 대하소설이다. 히로시마에 원폭이 투하되면서 일본 제국주의가 항복하고 조선이 독립하는 것으로 소설은 끝이 난다.

토지에 대한 집착을 읽다

이 소설은 근대성과 전통의 갈등이라는 근본적인 축을 갖추고 있지만 투자자의 관점에서는 다른 맥으로 이 책을 읽을 수 있다. 나라를 잃고 억압적 근대화를 강제로 치르는 과정 속에서도 한국인들은 토지에 대한 집착을 버리지 않았다는 것이다. 즉, 땅은 우리에게 자본주의보다 더 친숙하고 주식 투자보다 더 애착이 가는 투자의 대상이라는 사실을 실감할 수 있다.

진보 정권이 들어설 때마다 부동산은 비생산적 투자로서 초과 이익을 반드시 국가가 환수해야 한다는 강한 기조를 유지하는데도 왜 아파트 가격은 계속 오르는지 근본적인 이유를 이 소설 속에서 감지하게 된다. 50년의 근대사를 지나온 한국인들은 대부분 자신이 태어난 곳, 그리고 삶을 영위하는 공간에 강렬한 애정을 가진다. 물론 박경리 작가는 토지에 대한 집착뿐 아니라 자본과 권력, 명예에 대한 집착조차 부질없는 것으로 이해했다. 그래서 책에 등장하는 우관 스님은 속세에 집착하는 후배, 혜관 스님을 보면서 안타까워한다.

그러나 투자자라면 돈에 대해서 편견을 갖는 것보다 애정을 느끼는 편이 더 좋다. 인문학도 출신으로 유럽 최고의 투자자가 된 앙드레 코스톨라니André Kostolany의 책 제목처럼 돈은 '뜨겁게 사랑해야' 하는 존재다. 사실 돈은 생산적인 돈과 비생산적인 돈으로 나뉘지 않는다. 물론 국가 전체적으로 보면 수출 경제로 먹고 사는 우리나라에서는 주식 시장이 잘 되는 것이 바람직할 것이다. 기업에게 이익이 돌아가서 설비 투자를 늘리고 고용을 늘릴 수 있으니 말이다.

하지만 부동산 투자는 자본주의 이전, 인류의 역사가 시작될 때부터 존재했다는 점에서 땅에 대한 투자는 도덕을 떠나 우리의 본능과도 같다는 생각을 해본다. 소설 《토지》를 읽다 보면 우리나라 주식 투자계의 최고 스타 강사인 사경인 회계사의 주장이 떠오른다. 그는 주식 투자도 필요하고 부동산 투자도 필요하지만, 만약에 하나만 선택해야 한다면 부동산을 택하겠다고 말했다.

부동산과 주식, 더 높은 상승률을 나타낸 것은?

사실 2020년 동학개미 운동 이후 출간된 거의 모든 재테크 책에서 전문가들은 입을 모아 주식 투자를 강조했다. 지난 과거를 돌이켜보면 강남의 아파트 상승률보다 코스피 지수의 주가 상승률이 더 높았으므로 '주식이 답'이라는 것이다. 하지만 사경인 회계사는 이 주장이 반은 맞고 반은 틀리다고 반박한다. 주식 광풍의 해였던 2020년을 포함하느냐 마느냐에 따라 결과가 완전히 달라진다는 분석이다. 통계의 시작과 끝을 언제로 설정할 것이냐에 따라서도 수치는 요동을 친다. 만약 시계열을 1990년으로 시작하고 마지막 해를 2019년으로 잡는다면, 코스피 상승률은 강남 아파트는 물론이고 전국 아파트 평균, 혹은 전국보다 낮게 오른 강북 아파트 평균보다도 낮게 나타난

4부. 부자들은 문학에서 자본주의의 미래를 그린다

다. 주식 시장은 변동성이 극단적이어서 해마다 편차가 크다.

실제로 1986년부터 1990년 사이, 주식은 450퍼센트 올랐지만 아파트는 50퍼센트 오르는 데 그쳤던 기간도 있었다. 그때는 증권회사에 입사하면 '증사'라고 불릴 정도로 증권사의 인기가 좋았다. 이후 1990년부터 IMF를 거쳐 김대중 전 대통령이 벤처 붐을 조성할 때 주가가 다시 올랐다가, 2001년에는 말 그대로 반토막 나서 코스닥 지수가 1000에서 500으로 하락했다. 2000년이 워낙 저점이었으니 2001년을 시작점으로 잡으면 증시의 상승률은 어마어마할 수밖에 없다.

사경인 회계사는 좀 더 정확한 비교를 위해 정부가 매달 발표하는 부동산 가격 지수와 코스피 지수를 비교하여 보여준다. 5년 수익률을 계산하기 위해, 2001년부터 2016년까지 16년 동안 정확히 180번을 비교하는데 그 결과 코스피가 133번을 이기고 47번을 부동산이 이기는 것으로 나타났다. 4번 중 3번은 주식이 좋았다는 이야기다. 다만, 그 차이는 1~2퍼센트 수준으로 크지 않았다. 여기서 생각해볼 것은, 투자자들이 들이는 시간이나 정성 또한 고려해야 한다는 것이다. 마음고생을 두세 배 하고 수익률에서 겨우 1~2퍼센트 앞서는 주식을 선택하는 것이 최선의 선택지는 아니라는 소리다.

마음 편히 발 뻗고 잘 수 있다는 점에서 부동산 투자는 주식 투자에는 없는 장점이 분명히 있다. 인간의 생존을 위해 꼭 필요한 부동산은 투자 수단이 되어서는 안 된다는 생각은 명분상으로는 옳다. 하지만 도덕적 이론이 성공적이고 현실적인 정책으로 이어지지 않을 수 있음을 우리는 경험으로 충분히 알고 있다.

최태원 회장이 직원들에게 《태백산맥》을 권하는 이유

조정래와 하루키

1980년대의 대학생은 두 부류로 나뉘었다. 바로 조정래의 《태백산맥》을 읽는 사람과 무라카미 하루키의 《상실의 시대》를 읽는 사람. 전자를 운동권이라 불렀고, 후자는 비운동권이라 불리던 시절이었다. 물론 두 작품 모두를 읽는 나 같은 사람도 있었지만, 시대는 두 작품 중 하나를 강요했다.

두 소설의 차이는 조정래 작가와 무라카미 하루키의 차이

이기도 하지만 근본적으로는 세상을 갈등론으로 볼 것인가, 아니면 기능론으로 볼 것인가라는 관점의 차이에 기인한다.《태백산맥》은 진보와 보수의 갈등, 남북 갈등, 지주와 농민의 갈등, 자본주의와 공산주의의 갈등 등 근본적으로 끝없는 갈등의 구조로 이루어진 소설이다. 그러나 하루키의 소설에는 도무지 갈등이라는 게 뚜렷이 보이지 않는다. 하루키는 한때 일본의 반정부 대학생 운동권 조직인 '전공투' 소속이었지만 어느 시점부터는 정치와 노동운동에 관심을 뚝 끊고 내면의 세계에 침잠한다.

그렇다면 투자자의 관점에 더 가까운 것은 조정래일까, 하루키일까? 갈등이 있는 곳에, 그리고 그 갈등을 해결하기 위해 노력하는 과정에 돈이 모인다는 점에서 갈등이 직접적으로 드러나는 조정래의 소설이 아닐까 한다. SK그룹 최태원 회장은 그래서 조정래 작가의《태백산맥》,《한강》,《아리랑》을 모두 읽은 뒤 직원들에게 적극적으로 추천했다. 소설 속의 갈등, 특히 사회 갈등을 보라는 의도였다.

《태백산맥》에 드러나는 가장 큰 갈등은 염상진과 염상구 형제의 갈등이다. 이상주의를 상징하는 지식인 염상진과 형의 이상주의에 반발해 반공 청년이 되어 공산주의자들을 처단하는 염상구의 현실주의는, 희미해졌을지언정 지금도 우리 사회에 여전히 남아 있는 갈등이다.

염상진은 혁명이라는 대의를 위해서는 작은 소의, 즉 혁명을 위한 희생은 얼마든지 허용될 수 있다는 입장이다. 목숨이 아깝고 무서워서 투항하려는 두 명의 동료 빨치산을 처형하기 직전, 그는 고민에 빠진다. 자신은 분명 휴머니스트지만 휴머니즘은 혁명이라는 과업을 통해 과거와 단절하는 피의 투쟁을 거쳐 이뤄진다는 점을 분명히 알고 있었다. 자신도 흔들릴까 봐 두려웠던 그는 두 명의 아끼는 동료를 처형한다는 결단을 내린다.

동생인 염상구는 어떤 철학을 갖고 우익에 가담했을까? 철학이 아닌 본능 때문이었고, 살기 위해서였다. 그에게는 명분이나 대의 같은 것이 중요하지 않고 오직 생존만이 중요했다. 그는 친일파가 여전히 민족주의자보다 힘이 세며, 친일파를 세계 최강 대국인 미국이 후원한다는 사실을 지식이 아닌 현실에서 경험적으로 체득했기에 앞잡이가 되어 빨치산을 사냥하고 좌익의 가족들을 고문해서 죽인다. 어찌 보면 염상구는 우익과 보수라는 이데올로기를 갖다 붙이기보다는 기회주의라는 이름을 붙이는 편이 더 적절할 것이다.

염상국의 대한민국에서
무슨 일이 일어나고 있는가

소설을 읽어본 독자들은 잘 알 테지만, 마지막에 염상진이 죽은 후 경찰들은 그의 시체를 벌교 거리에 내걸고 시체를 훼손하여 주민들에게 공포심을 유발하려 한다. 그런 경찰들에 염상구가 처음으로 맞선다. 형의 시체를 거두면서 던진 그의 말은 작가의 주제의식을 반영하고 있다.

"살았을 때나 빨갱이지, 죽어서도 빨갱이여?"

1980년대 군사정권에서는 조정래 작가를 친북 공산주의로 몰아세우면서 그의 소설을 판매 금지하려 시도하기도 했다. 하지만 조정래 작가는 공산주의라는 이념보다 가족의 큰 공동체인 민족을 우선시해야 한다는 전형적인 민족주의 시각을 견지한 작가이다.

한때는 염상진이었던 이들이 세월이 흘러 어느덧 염상구로 변해버린 한국 사회에는 지금 어떤 갈등이 있을까? 모두가 돈이 최고임을 인정하고 돈을 노골적으로 숭배하는 사회에 더이상 이념 갈등은 존재하지 않는다. 대신 갈등은 세대 갈등으로 전선을 옮겼다. 우리 사회에는 60대 이상의 장년층과 이에 맞선 40대와 50대, 그리고 이 둘 모두에게 비판적인 20~30대가 존재한다. 지난 총선에서 2030세대는 대선 때와는 달리 아버지 세대의 손을 들어주어 거야가 탄생할 수 있었다. 복잡하게 얽힌 세대 갈등은 끝나지 않았으며, 앞으로도 계속될 수밖에 없다.

세대 갈등이 벌어지는 현장에서 우리는 여러 선택지를 놓고 고민하는 중이다. 복지를 늘릴 것인가, 현재 수준을 유지할 것인가? 경제 성장을 더욱 가속화할 것인가, 미래를 위해 성장을 잠시 멈추고 환경을 우선할 것인가?

문제의 해법이 어려운 이유는 갈등의 해결책이 근본적으로 모순적이기 때문이다. 복지를 늘리려면 성장을 계속해서 파이를 키워야 하는데, 복지를 늘리자는 입장은 주로 친환경을 택해 더디 가더라도 자연과 공존하는 방향으로 가야 한다고 말한다. 다시 말해, 자본주의가 덩치를 줄여야 한다는 것이다. 두 가지를 모두 만족시킬 방법은 현재까지는 없다. 물론 자본주의의 혁신을 주장하는 죠셉 슘페터Joseph Alois Schumpeter나 2019년 노벨 경제학상 수상자 윌리엄 노드하우스William Dawbney Nordhaus 교수 같은 이들은 자본주의가 결국 환경과 성장이라는 두 마리 토끼를 동시에 잡는 기술을 개발할 것이라고 낙관하지만, 다른 한편에는 회의적인 시각 또한 분명히 존재한다.

부자들이
셰익스피어를 읽는 방법

서양의 삼국지, 셰익스피어

워런 버핏, 빌 게이츠, 일론 머스크, 오프라 윈프리Oprah Gail Winfrey, 마이클 블룸버그Michael Rubens Bloomberg, 마크 저커버그. 여기 거론한 인물들은 아리안족, 흑인, 유대인 등으로 인종은 저마다 다르지만 한 가지 공통점이 있다. 바로 어려서부터 셰익스피어를 읽었고 지금까지도 셰익스피어 문학을 최고로 인정한다는 사실이다.

동양의 부자들이《삼국지》를 빼고 독서를 논하지 못하듯이 서양의 부자들은 셰익스피어를 결코 빼놓지 않는다.《햄릿》을 사랑하던 버핏은 나이가 들면서《리어 왕》으로 마음이 더 기울었고, 빌 게이츠는《헨리 4세》,《줄리어스 시저》등의 역사물을 선호한다. 이들은 한결같이 말한다. 부자가 되려면 셰익스피어를 읽으라고.

실제로 미국에서는 셰익스피어를 고급 교육과 연계하여 가르친다. 엘리트들이 진학하는 명문 학교에서는 셰익스피어 작품에 대한 심도 깊은 학습이 이루어지는데, 난순히 작품을 읽는 것을 넘어 문학적, 역사적, 철학적 배경을 깊이 이해하며 접근하도록 한다. 또한 부유층에서는 개인 교사나 문학 전문가를 고용하여 셰익스피어 작품을 심층적으로 탐구하기도 한다. 고액을 들여 이러한 수업을 진행하는 이유는, 자녀들이 돈 이전에 인간을 이해하기를 바라기 때문이다.

셰익스피어를 읽는 무기징역수

《감옥에서 만난 자유, 셰익스피어》는 문유석 판사가 동료 판사들과 읽고 독서 토론을 가졌다고 밝혔던 책이다. 저자 로라 베이츠Laura Bates는 인디애나 주립대학교 영문학과 교수로 1983년부터 2010년까지 거의 30년 동안 교도소에서 죄수들을 대상으로 셰익스피어를 가르치는 자원봉사를 했다. 그중에서도 '슈퍼맥스'라는 독방의 죄수들은 주로 무기수들이 갇힌 곳이었다. 이 책은 10대 때 살인을 저질러 가석방 없는 무기징역형을 선고받은 래리 뉴턴이라는 제자와의 인간적 교감과 소통을 다루고 있다. 래리는 불우한 가정에서 자라 제대로 된 학교 교육도 거의 못 받은 상태였기에 셰익스피어를 들어본 적도 없었다. 그런데 수업을 하면서 책에 빠져들기 시작하더니 나중에는 셰익스피어 작품 분석은 물론 법과 인간의 죄, 양심 등에 관한 멋진 에세이들을 써냈다. 그의 글은 로라 교수를 통해 잡지에 실리기까지 한다. 래리 뉴턴은 셰익스피어가 자신의 인생을 구했다고 말했으며, 감옥에서 학위 연구에 도전해 박사학위까지 따고 싶다는 목표를 품었다.

로라 교수가 진행한 셰익스피어 프로그램 덕분에 교도소에서 일어나던 각종 사고가 급격히 줄어들고 재소자들이 유순해지면서 교도관들과 갈등이 대폭 줄어들었다. 언론은 이 사실을 적극적으로 보도했고, 할리우드 영화사들도 관심을 갖기 시작했다.

로라 교수는 아무래도 재소자들이 가장 공감할 만한 내용의《맥베스》를 수업 교재로 가장 많이 활용했고,《햄릿》과《로미오와 줄리엣》도 즐겨 사용했다. 재소자들이 대사를 읽고 생각을 주고받는 식의 수업 외에도 워크북을 만들거나 셰익스피어 희곡을 각색하기도 하는 등 다양한 방식을 시도했다.

로라 교수는 이 일을 왜 시작하게 되었을까? 셰익스피어의 힘과 매력을 확인하고 싶어서? 아니면 누군가에게 영향을 미쳐 변화시키고자 하는 교육자의 열정 때문이었을까? 아마도 둘 다가 아닐까 싶다. 인간 본성의 가장 어두운 측면을 대변하는 인물들이 바로 감옥의 재소자들이고, 그중에서도 살인범들일 것이다. 셰익스피어의 인간 본성에 대한 통찰이 시대를 초월해 보편적인 힘을 지니는지 확인하기 가장 좋은 장소가 아마도 미국의 감옥이었을 것이다.

셰익스피어를 읽으며 래리 뉴턴을 포함한 죄수들은 자신의 행동을 되돌아보게 되었고, 그들이 저질렀던 행동이 본능에 기인한 것이 아닌 잘못된 선택에 의한 결과라는 사실을 깨닫는다. 로라 교수는 어떤 사명감 때문에 일을 계속했다고 말한다. 말하자면 그것은 모든 인간은 변화할 수 있다는 믿음과, 문학이 그 변화의 방향을 선한 쪽으로 돌려놓을 수 있다는 믿음이었던 듯하다.

부자의 서재에는 반드시 인문학 책이 놓여 있다

전형적인 소시오패스라는 소리를 듣던 흉악범 래리 뉴턴은, 셰익스피어를 읽으며 타인의 삶이 궁금해졌다고 한다. 또한 그를 포함한 죄수들 거의 모두가 사회에 공헌하고 싶다는 마음을 처음으로 갖게 되었다고 말한다. 종신형을 선고받아 살아서는 나올 수 없는 감옥에서 다른 누군가의 삶이 궁금해진다는 것은 어쩌면 가혹한 일일지도 모르겠다.

일부에서는 로라 교수의 셰익스피어 프로그램을 가리켜, 똑똑한 범죄자를 만드는 데 기여할 뿐이라고 폄훼한다. 악행에는 악행으로 보답해야지 선행으로 보답해서는 안 된다는 논리다. 하지만 셰익스피어는 희극 《자에는 자로》에서 "죄는 미워하되 사람은 미워하지 말라"는 명대사를 남겼다. 로라 교수의 책을 읽고 난 후에는, 그들 역시 사람이라는 사실만큼은 선명하게 다가온다.

코인으로 '존버'하는
MZ세대의 심리를 담은 소설

비트코인으로 성공한 MZ세대 주인공들

장류진 작가는 연세대 사회학과 출신으로, 본인이 판교 테크노 밸리에서 일한 경험을 잘 녹여내 21세기에 걸맞은 새로운 형식과 소재의 노동 소설을 보여준 작가다. 그녀가 비트코인에 열광하는 소위 '요즘 것들', 즉 20~30대의 정서를 소설로 옮겼다.

장류진 작가의 장편소설 《달까지 가자》는 이더리움에 투자

부자의 서재에는 반드시 인문학 책이 놓여 있다

하는 세 사람의 직장 선후배가 등장한다. 실제 MZ세대 중에서도 비트코인이나 이더리움으로 큰돈을 번 경우는 이 소설 주인공들처럼 장기 투자한 사람들이다. 소설의 주인공들은 각각 2억, 3억, 33억을 벌어서 투자한 원금의 100배 이익을 1년 만에 실현했다. 남들이 다 비트코인에 투자할 때 새로운 가능성을 보고 이더리움에 들어가자고 처음 제안했던 왕언니는 33억을 벌고 성수동에 꼬마상가를 구입한다. 그녀는 멋진 외제차를 뽑고서 구질구질한 직장을 그만둔다.

소설에는 20~30대가 코인에 열광하는 이유가 잘 드러난다. 사회적, 정치적으로 어느 정도 실현된 공정성이 기업 문화에서는 전혀 실현되지 않기 때문이다. 세 사람은 국내의 유명한 제과기업에 다니는데도 월급 실수령액은 300만 원이 되지 않는다. 업무 강도는 높고, 완강한 기준으로 직원들을 평가한다. 열심히 일한 세 사람은 4년째 '요구 충족'이라는 애매한 평가를 받고 있다. 이런 상태에서는 열심히 일해 서울에 15억이 넘는 33평 아파트를 구입하고, 자녀를 낳고, 월 수백만 원에 이르는 사교육비를 감당한다는 것이 요원한 일일 수밖에 없다. 소설을 읽다 보면, 현실의 20~30대가 코인 외에 답이 없다고 생각하는 근본적인 책임은 우리 기업과 기업의 독주를 허용한 사회 문화 때문이라는 생각이 든다.

작가는 주식 및 코인에 몰려든 젊은 투자자들이 왜 '존버'라는 단어를 유행시켰는지 그 이유에 대해서 생각해보라는 메시지를 던진다. 이더리움도 처음부터 죽죽 치고 올라간 것이 아니라, 가다가 멈추고 후퇴하고 다시 급등하는 사태가 계속해서 벌어졌다. 이 과정에서 소설 속 주인공들은 단톡방을 만들어 서로를 위로하며 버티는 모습을 보여준다. 이들의 버티기는 수동적인 회피가 아니라, 적극적인 성취의 시도라 할 수 있다.

소설 속 주인공들과 같은 심리는 현실에서도 점점 더 확산될 것으로 보인다. 비트코인은 파는 게 아니라 보유하는 것이라는 전략은 실제로도 흔히 접할 수 있다. 언젠가는 양자컴퓨터가 등장해 암호가 뚫릴 것이라고 걱정하는 사람들도 있지만, '탈중앙화'라는 비트코인의 시장 가치를 높게 평가하는 이들은 기다리는 쪽을 택할 수 있다. 물론 과거에 기대어 미래를 무조건 장밋빛 환상으로 바라보는 것은 경계해야 할 일이다.

극단의 욕망을 다룬 선물 옵션 소설

암호화폐에 관한 소설이 있다면, 암호화폐보다 더 위험하고 더

✱ 250 ✱
부자의 서재에는 반드시 인문학 책이 놓여 있다

많은 투자가 이루어지는 선물 옵션에 관한 소설도 있지 않을까? 단요 작가의 두 번째 소설《인버스》가 바로 그 책이다.《인버스》는 선물 옵션 중에서도 원유, 구리, 나스닥 지수 등을 소재로 이야기를 펼친다. 부제가 '욕망의 세계'이듯이 돈과 뗄 수 없는 욕망들이 얼키설키 드러난다. 단순한 취재가 아니라 실제 매수와 매도를 통해 돈을 잃거나 벌어보지 않았다면 쓰지 못했을 법한 세밀한 묘사와 감정 상태를 다루고 있다.

소설은 '흙수저' 여대생이 돈을 벌고 싶어서 대학도 중도에 포기하고 원룸을 구해 주식이 아닌 선물로 인생 대박을 노리면서 벌어지는 이야기이다. 인버스는, 주가가 떨어질 경우에 거꾸로 수익을 얻는 펀드를 가리킨다. 2020년 3월과 4월, 코로나가 한창이던 당시는 미국 주식과 한국 주식 모두 지옥문이 열렸다 싶은 시기였다. 이때 시장과 반대로 투자하는 선물 매수가 줄을 이었고, 실제 두 달 뒤에 주가를 비롯해 선물의 기초 자산들이 폭등하면서 인버스로 선물 투자한 사람들은 어마어마한 손해를 보았을 것이다. 국내 선물은 3개월마다 정산일이 있지만 미국은 수시로 사고팔 수 있어서 타이밍만 맞게 일찍 빠져나왔다면 돈벼락을 맞는 경우도 많았을 것이다. 누구는 망하고 누구는 벼락부자가 된 바로 그 시점의 이야기이다. 마이너스 유가라는 사상 초유의 사태를 만난 선물 투자자가 버그가 난 것 아닌가 하면서 의아해하는 장면 등을 포함해, 소설은 그 시절을 생생히 소환해낸다.

　소설 속 주인공은 한국 선물의 레버리지가 두 배라는 사실, 그리고 일정 시간의 교육과 자격이 필요하다는 사실에 아쉬움을 느껴 변동성이 더 큰 해외 선물에 겁 없이 뛰어든 부나방이다. 초심자의 행운 덕분인지 하루에 1억 원씩 버는 날도 있었지만, '모 아니면 도'의 세계에서 당연히 큰 손실을 피할 길은 없었다. 주인공은 반대 매매를 피하기 위해 엄마에게 급하게 돈을 빌리기도 한다. 결과적으로 주인공은 장이 본격적으로 반등하기 전에 선물을 행사해서 일단 7억 가까운 돈을 번다. 그리고 그 돈으로 지방 혁신도시에 아파트를 구입한다.

　선물 옵션을 해본 사람은 알겠지만, 이건 그 어떤 도박에도 비할 바가 아니다. 하루에 1억 원을 벌 때는 도파민이 얼마나 분비될까? 반대로 그 비슷한 액수를 날린다면 세로토닌 수치는 어디까지 떨어질까? 책 속의 주인공은 어떤 날은 24시간 중 21시간 깨어 있고, 어떤 날은 21시간을 잔다. 또 어떤 날은 10만 원짜리 참치 요리를 먹고, 어떤 날은 굶기도 한다. 선물의 생리마냥 극단적인 변동성에 걸맞은 삶이라 할 수 있다. 소설 속 표현대로 다이너마이트를 등에 지고 질주하는 기분일

부자의 서재에는 반드시 인문학 책이 놓여 있다

것이다. 소설은 선물 시장을 이렇게 묘사한다.

"현란하게 오르내리는 호가창이, 쉼 없이 들어오고 빠지는 매물 덩어리가 심장에 펌프질을 넣는다. 잔고가 늘어나다가 줄었다가, 늘어난다. 손실액을 복구해야 한다는 강박은 머리를 데우고 심장을 뛰게 한다. (…) 다른 매매자들의 얼굴은 이제 무감각한 숫자의 행렬이 되고 봉 차트는 읽히지 않는 패턴일 뿐이다."

실제로 선물 옵션은 위험성이 너무 크기 때문에 부자들 중에서도 웬만한 경우에는 쉽게 뛰어들지 않는다. 하지만 선물 옵션만으로 조 단위의 돈을 번 사람도 분명히 있다. 특히 MZ세대 중에는 수십 배의 레버리지도 부족해 800배까지 부채를 쓸 수 있는 FX마진 기래(일종의 환율 옵션으로, 미리 수백 배의 빚을 지고 정해진 가격에 사는 것을 말한다)에 뛰어든 경우도 더러 있다. 한편에서는 이처럼 제대로 공부하지 않고 뛰어드는 부나방들을 역으로 이용하는 사람들도 있다. 공부하고 알아보지 않고서 가상화폐나 선물 옵션에 뛰어든다면, 결코 소설 속 주인공들 같은 해피엔딩을 맞이하지는 못할 것이다.

4부. 부자들은 문학에서 자본주의의 미래를 그린다

한국의 SF 작가들이 그리는,
자본이 수명을 다한 세상

미국의 부자들은 왜 SF 소설을 읽을까?

미국의 부자들이 주로 SF 소설을 읽는 반면, 한국 부자들은 역사 소설과 사회 소설을 더 많이 읽는다. 미국의 유명한 CEO와 부자들은 왜 SF 소설을 선호할까?

    1. 미래에 대한 낙관주의: 미국 사회는 일반적으로 기술 발전과 혁신에 대해 긍정적인 태도를 가지고 있다. SF 소설은 미래 사

부자의 서재에는 반드시 인문학 책이 놓여 있다

회의 가능성을 탐구하며, 이는 미래에 대한 낙관적인 전망을 가진 부자들에게 매력적으로 다가갈 수 있다.

2. 기술에 대한 관심: 기술 선진국인 미국에서는 많은 부자들이 직접적으로 기술 산업에 참여하거나 투자하는 경우가 많다. SF 소설은 최첨단 기술과 미래 기술을 다루는 경우가 많아, 이러한 분야에 관심 있는 부자들의 성향에 잘 들어맞을 수 있다.

3. 탈출주의: SF 소설은 현실 세계를 벗어나 다른 세계를 경험하는 기회를 제공한다. 부자들은 끊임없는 경쟁과 스트레스 속에서 살아가는 경우가 많아, SF 소설을 통해 현실을 잠시나마 벗어나서 새로운 세계를 탐험하는 경험을 즐길 수 있다.

한국의 경우 과거로부터의 교훈이나 사회적 책임감, 문화적 자긍심을 중시하는 문화가 있기 때문에 역사 소설과 사회 소설이 더 많은 관심을 받았다. 그런데 5060세대에서 MZ세대로 부의 무게 중심이 내려오면서, 앞으로는 한국에서도 SF 문학에 대한 선호도가 더 커질 것으로 예상된다. 실제로 IT 기업의 CEO들은 적극적으로 SF 문학을 읽고, 직원들에게도 권하는 것으로 알려져 있다.

복제된 귀신들이 자본주의에 보내는 야유

한국의 SF 소설은 나날이 발전하고 있다. 김초엽, 정보라, 김보영, 천선란까지 젊은 작가들이 활약하며 한국 SF 문학의 진일보를 이뤄냈으며 SF는 이제 문학의 주류로 당당히 올라서고 있다.

현대문학 출판사는 국내 SF 작가 20명의 소설을 모아 단편집《이토록 아름다운 세상에서》를 펴냈다. 20편의 단편소설 중에서도 빛나는 상상력이 특히 돋보이는 작품들을 꼽으라면 이경희 작가의 〈공중 도약 기술이 저승 행정에 미치는 영향〉과 타이틀작이기도 한 이한진 작가의 〈이토록 아름다운 세상에〉를 들고 싶다. 이한진 작가는 놀랍게도 2001년생이다.

젊은 작가들의 신선한 상상력은, 기성세대가 물려준 오염된 지구에 대한 통렬한 야유를 바탕으로 싱싱한 활어처럼 살아 숨 쉰다. 이경희 작가의 작품을 보면 1970년대에 인기를 끌었던 TV 시리즈 〈스타트렉〉이 떠오른다. 이 소설은 〈스타트렉〉에 등장하는 순간이동 기술을 철학적으로 뒤틀고 있다. 〈스타트렉〉에서 순간이동 기술을 소재로 사용한 것은 사실 촬영의 어려움을 피하기 위한 아이디어였다. 당시는 3D 그래픽 기술이 요원했던 시절이라, 모형 우주비행선의 이륙과 착륙 장면을 촬영하기보다 순간이동이라는 설정으로 장면을 전환하면 제작비를 획기적으로 줄일 수 있었다.

그러나 사실 순간이동은 물리적으로 불가능하다. 이론상 사람을 원자로 분해한 뒤 다시 합쳐야 하는데, 여기서 중대한 모순이 발생한다. 생명을 원자로 분해하면 죽기 때문이다. 〈공중 도약 기술이 저승 행정에 미치는 영향〉에서 저자는 이 모순에 집중해 새로운 아이디어를 추가한다. 순간이동 기술 덕분에 저승이 바빠질 거라는 것이다. 만약 서울에서 뉴욕으로 1초 만에 순간이동을 한다면, 인간은 그 시점에서 1초 동안 사망하게 된다. 저승이 있다면 그 영혼은 당연히 저승으로 갈 것이다. 그 인간이 뉴욕에서 서울로 돌아올 때는 또 한 번의 사망이 발생한다. 동일 인물의 잇단 죽음으로 저승에는 두 명의 동일한 귀신이 연달아 발생한다.

이렇게 숱한 죽음이 발생하면 저승도 한계가 온다. 순간이동 기술 때문에 모든 사람은 수시로 죽고 살아나고, 그때마다 저승을 찾는 귀신은 늘어난다. 무한 복제가 가능한 우주에서 인간은 우주를 뒤덮고 그만큼 늘어난 귀신들이 마침내 저승을 정복하려 한다는 기발하고도 신선한 내용을 소설은 담고 있다. 인간이라는 존재, 정복을 위해 끝없이 자본을 복제하려는 자본주의에 대한 통렬한 야유로 읽히는 이야기다.

너무도 모순된 '아름다운 세상'

2001년생 작가가 쓴 단편 〈이토록 아름다운 세상에〉는 중력이 줄어든 지구에서 어떤 일이 벌어지는지 보여주는 끔찍한 디스토피아 소설이다. 역설적인 제목만큼 내용이 유머러스하게 펼쳐진다. 사람들은 처음에는 아무 문제를 느끼지 못한다. 가만히 있어도 몸무게가 준다고 오히려 기뻐하기도 한다. 그러나 점점 더 가벼워지다 보면, 결국 우주로 돌아가는 길밖에 남지 않는다. 모든 인간이 태어났던 애초의 고향으로 돌아간 순간 저자는 말한다.

> "지구는 미련 없이 제 품에 있는 모든 것을 우주로 풀어놓고 있었다. (…) 마지막 순간에야 마주한 황홀경에, 이토록 아름다운 세상에, 결국 맞이하는 것은 씁쓸한 멸망이라니."

지구에서 인류가 사라지면 이 아름다운 세상을 전할 존재는 누가 있을까? 아름다운 마지막 세상 속에서 느끼는 아이러니는 지구를 파괴하며 스스로 무덤을 파는 인류를 향한 심정과도 같다. 이를 2001년생 작가는 정확히 꿰고 있는 것 같다.

제프 베이조스의 '후회 최소화'의 법칙 알고 보니 이 사람 소설에서

부자의 후회, 빈자의 후회

성공한 사람들은 '내가 아직 하지 않은 일'에 대해 생각하고, 그렇지 못한 사람들은 '내가 이미 한 일'에 대해 후회한다. 잘 못된 선택이나 실수로 인해 고통받은 세월을 끝없이 곱씹으며 후회하는 이들의 인생은 결코 성공적이라 할 수 없을 것이다.

2023년도까지 세계 부자 1순위는 테슬라의 일론 머스크 였지만, 2024년 4월 순위가 바뀌었다. 바로 아마존의 창업자이자 지금은 우주여행사 블루오리진을 경영하고 있는 제프 베이조스다. 2,000억 달러의 재산을 보유하고 한화로 2,000억 원이 넘는 궁전 같은 집에서 살고 있는 베이조스지만 그의 인생 철학은 단순하다. 아마존을 설립할 때부터, 그리고 악덕 CEO라고 불릴 정도로 가혹하게 아마존을 경영할 때도 그는 단 하나만을 요구했다. 바로 '후회 최소화의 법칙'이다.

프린스턴대에서 컴퓨터과학을 전공한 그는 월스트리트에서 잘 나가는 펀드매니저였지만 안전한 울타리를 박차고 나와, 미래를 전혀 보장할 수 없는 세계 최초의 인터넷 서점을 만들었다. 그때 그는 '이것이 늙어서 후회를 최소화할 선택인가'라는 질문을 던졌고 그 답에 따라 움직였다. 후회하지 않는 인생을 누구나 꿈꾸겠지만 그것은 신의 영역이기에, 베이조스는 '최소화'란 단어를 썼을 것이다.

베이조스는 SF 문학의 광팬으로 알려져 있는데 실은 정통 소설과 순수 소설의 애독자이기도 하다. 그가 "내 인생 최고의 소설"이라고 극찬했던 《남아 있는 나날》은, 베이조스에게 '후회 최소화의 법칙'의 아이디어를 제공한 소설이기도 하다. 이 책은 노벨문학상 수상자 가즈오 이시구로의 작품이다. 어느 영국 귀족의 대저택을 관리하는 집사가 소설의 주인공인데 저택의 귀족은 나치로 의심받는 인물이다. 전쟁이 끝나고서 그는

부자의 서재에는 반드시 인문학 책이 놓여 있다

자신의 선택을 후회한다. 그가 후회하는 한 가지는 파시스트였던 주인에게 절대적으로 충성했던 점, 다른 한 가지는 사랑하는 여성에게 다가서지 못했던 점이다.

무엇을 선택하고 어떻게 후회할 것인가

제프 베이조스의 '후회 최소화의 법칙'과 가즈오 이시구로의 소설 《남아 있는 나날》 사이의 연관성은 상당히 흥미롭다. 두 사람 모두 '선택과 후회'라는 주제를 말하고 있지만, 그 접근 방식과 결론은 차이가 있다.

먼저 제프 베이조스의 '후회 최소화의 법칙'의 핵심은 미래를 그려볼 때 가능한 모든 선택지 중에서 가장 후회가 적은 선택을 하는 것을 목표로 한다는 점이다. 그의 원칙은, 현재의 선택이 미래의 후회를 결정하기 때문에 장기적인 관점에서 신중하게 선택해야 한다는 메시지를 던진다. 베이조스는 자신의 경험을 통해 후회 최소화의 중요성을 깨달았다고 말한다. 그는 아마존 창업을 결정하기 전에 여러 가지 선택지들을 꼼꼼히 고려했으며, 미래에 후회하지 않을 수 있는 선택을 했다.

이어서 《남아 있는 나날》을 살펴보면, 이 소설의 핵심 주제는 기억과 후회의 불확실성이다. 우리는 과거에 했던 선택을 되돌아볼 수는 있지만, 그 선택들을 바꿀 수는 없다는 것이 이 작품의 핵심 메시지이다. 재미있는 사실은 이시구로가 후회를 단순히 피해야 하는 부정적인 감정으로 보지 않았다는 점이다. 오히려 과거의 경험은 우리가 배우고 성장하는 데 도움이 되는 기회임을 말해준다.

베이조스가 미래의 후회를 최소화하는 데 초점을 맞춘다면, 이시구로는 과거의 후회를 통해 배우고 성장하는 데 초점을 맞춘다. 두 사람 모두 후회에 대해 서로 다른 관점을 제시하지만, 선택의 결과에 대한 책임을 강조한다는 것은 공통된 지점이다. 어떤 선택이든 우리는 선택에 책임감을 가져야 한다는 단순한 진리를 다시 한번 되새긴다면 좋겠다. 그럴 때 더 나은 방향을 선택할 수 있으며, 후회를 최소화할 수 있다.

부자의 서재에는 반드시 인문학 책이 놓여 있다

빌 게이츠, 일론 머스크, 저커버그가 모두 읽고 반한 이 소설

그들은 왜 하나의 소설에 빠져들었나

일론 머스크, 빌 게이츠, 마크 저커버그. 세 명의 탁월한 CEO 모두에게 영향을 미친 것으로 알려진 소설이 있다. 바로 더글러스 애덤스Douglas Adams의 유명한 소설 《은하수를 여행하는 히치하이커를 위한 안내서》다. 평범한 영국인이 은하수를 여행하게 되면서 지구의 종말을 목격하고, 이를 막고자 시간을 되돌리려 노력하는 과정을 담은 소설이다. 그는 그 과정에서 우주의 궁극적인 본질을 깨닫게 된다. 흥미롭게도 CEO 세 사람은 이 책을 좋아하는 이유가 저마다 다르다.

일론 머스크는 전기 작가 월터 아이작슨Walter Isaacson과 만난 자리에서 이 책이 자신에 미친 영향을 밝힌 적이 있다. 어릴 때부터 과학기술에 대한 열정을 품었던 그는 이 SF 소설 속 과학적 개념과 기술에 대한 재치 있는 묘사에 빠져들었다고 한다. 그가 지금도 이 책을 좋아하는 또 하나의 이유는 바로 유머 감각 때문이다. 이 책은 독특하고 풍자적인 유머로 가득하다. 지구가 하루아침에 폭파되는 이유를, 주인공 아서 덴트가 불친절하기로 소문난 영국 공무원에게 가택 철거를 하루 전날 통보받는 장면과 오버랩하는 장면은 특히 작가의 해학적이고 날카로운 유머 감각이 드러난다. 마지막으로 머스크는 이 책의 반항 정신을 좋아한다고 말한다. 머스크는 기존 시스템에 도전하고 새로운 가능성을 모색하는 인물이다. 그렇기에 권위에 대한 풍자와 반항 정신이 담긴 이 소설에 충분히 공감했을 것이다.

은하수에서 길어 올린 자유

빌 게이츠는 조금 다른 관점에서 이 소설을 즐겨 읽는다. 그는 이 작품에서 창의적인 사고방식을 배웠다고 말한다. 게이츠는 혁신적인 사고방식으로 유명한데《은하수를 여행하는 히치하이커를 위한 안내서》는 기존의 사고방식에 도전하고 새로운 관점을 제시하는 독특한 세계관을 가지고 있어 그의 호기심을 자극했다고 한다. 그가 이 책을 좋아하는 두 번째 이유는 문제해결 능력 때문이다. 이 소설에는 다양한 문제 상황과 위기가 연속해서 등장하며 주인공은 이를 해결해나간다. 게이츠는 여기서 비즈니스 리더십에 도움이 되는 통찰력을 얻었다고 말한다. 또한 그는 이 소설에서 '낙관'이라는 단어를 읽어낸다. 온갖 어려움 속에서도 희망을 잃지 않는 낙관적인 태도와 메시지는 그의 사업을 성공으로 이끄는 데 영감을 주었다고 훗날 밝혔다.

세 명 중 가장 어린 마크 저커버그는 왜 이 소설을 인생 소설로 여길까? 먼저 '기술에 대한 열정'이 그 이유다. 어릴 때부터 컴퓨터 프로그래밍에 관심이 컸던 그는 중학교 때《은하수를 여행하는 히치하이커를 위한 안내서》를 읽었다. 이 책은 미래 기술과 우주여행에 대해 흥미로운 상상력을 불러일으켰고, 그를 IT 분야로 이끈 계기가 되었다. 놀랍게도 저커버그는 사업의 핵심인 '네트워킹'의 중요성도 이 소설에서 배웠다고 한다. 이 소설에는 다양한 종족과 생명체들이 서로 연결되어 네트워크를 형성하는 모습이 펼쳐진다. 저커버그는 이러한 네트워킹의 중요성을 그의 소셜 네트워킹 서비스인 페이스북 개발에 적용했다.

저커버그가 이 책에서 길어 올린 또 하나의 단어는 '자유'이다. 권위에 얽매이지 않고 자유롭게 살아가는 소설 속 주인공들의 모습은 저커버그의 기업 문화와 경영 방식에 영향을 미쳤다고 미국의 IT 전문가들은 말한다.

결론적으로 세 사람의 CEO는 각자의 관심과 경험에 따라 한 권의 책에서 서로 다른 메시지를 읽고 영감을 얻었다. 부를 형성하는 자기만의 문해력이 얼마나 큰 위력을 발휘하는지 실감하게 된다.

ESG부터 미래 직업까지, 소설 속 상상력을 좇다

정보라의 소설이 그리는, 지속 가능한 지구

《저주토끼》로 영국 부커상 후보에도 올랐던 정보라는 독특한 개성이 돋보이는 작가다. 국내 SF 소설가들이 많은 영감을 받은 베르나르 베르베르^{Bernard Werber}와도 다르고, 우리나라 SF 1위 작가 김초엽과도 결이 상당히 다르다. 일단 동물이 자주 등장한다는 점에서 한국의 전통적인 가전체 문학을 연상케 한다. 그리고 기기묘묘하다. 우리나라에서는 장르 문학 독자들이 열광하지만 외국에서는 좀 더 광범위한 팬덤이 정보라 작가에게 따라붙는 이유는 아마도 그 기묘함에서 오는 매력 때문일 것이다. 마치 불온한 느낌의 꿈을 꿨는데 정작 그 꿈 내용이 잘 기억나지 않을 때의 불안한 기시감이 그녀의 작품에서 느껴진다. 영화로 치자면 팀 버튼^{Tim Burton} 감독의 작품과 가깝지 않을까 싶다.

정보라 작가는 연세대 인문대 출신으로 전공은 러시아 문학이다. 실제로 러시아 문학에 관심이 많아 여러 편의 러시아 작품을 번역하기도 했다. 최근에 출간한《지구 생물체는 항복하라》는 문어, 대게, 상어 등 바다에 사는 물고기들을 의인화하여 인간 중심주의를 통렬하게 비판한다.

"하늘에서 죽음이 꽃처럼, 비단처럼, 별의 장막처럼 쏟아져 내렸다. 모든 색으로 반짝이는 죽음이 부드러운 거짓 희망처럼 한껏 부풀어 올랐다가 하늘하늘하게 빛나는 가느다란 여러 줄의 다리를 출렁이며 날개를 펄럭이며 세상을 품에 안았다."

악몽에 대한 선연하고도 아름다운 묘사다. 죽음이라는 불길한 요소를 꿈의 장면으로 처리하는 솜씨가 예사롭지 않다. 이 작품은 외계 행성에서 찾아온 지적인 해양 생명체에 대한

부자의 서재에는 반드시 인문학 책이 놓여 있다

이야기이다. 소설 속에서 해양 생물들이 죽음을 인식한다는 것은 곧 지능이 있다는 증거이다. 이들이 원래 살던 행성은 지구와 비슷하지만 지구보다 해양의 면적이 넓다. 국가가 없는 대신 수면 가까이 사는 존재와 심해에 사는 존재로 나뉜다. 사회가 있으니 계급도 있다. 이 행성에서는 문어가 장기간 독재를 했다. 인간의 역사에서도 민주주의는 아주 최근에 생겨난 소수의 정파로, 인류는 거의 늘 독재 속에서 살았다. 저자는 그 이유에 대해, 물리적 실체를 가진 몸 안에 갇혀 고립된 자아를 가지고 살기 때문이라고 설명한다. 또한 모든 개체들은 자신의 주관에 따라 세상을 바라볼 수밖에 없기 때문이라는 부연 설명도 덧붙인다. 타인의 입장에서 세상을 바라보는 데 서투른 인간과 다른 행성의 지적 생명체들은 자신의 관점을 세상에 강요하려고 하고 이 과정에서 억압이 발생하게 된 것이다. 이 소설이 지극히 문명 비판적인 입장을 취하고 있음은 저자 후기에서 드러난다.

이 책은 말한다. 시진핑이든, 푸틴이든, 김정은이든, 미국이든 자연과 지구 앞에 항복하라고. 작가의 독특한 상상력이 기후 재앙을 만난 인류에 대한 경고 메시지로 이어진 건 어찌 보면 당연한 귀결인 것 같다. 이 통렬한 문명 비판, 인간 비판 소설을 읽으며 앞으로는 ESG 투자의 시대가 올 것이라는 생각을 하게 된다. 기후 변화, 환경 오염, 사회적 불평등 등 글로벌 문제에 대한 인식이 높아짐에 따라, 사람들은 투자를 할 때도 지속 가능한 미래를 만들고자 하는 윤리적 책임감을 느낀다. 그래서 기업의 환경, 사회, 지배구조적 책임을 평가하여 투자 대상을 선별함으로써, 사회적 가치 창출에 기여하는 기업을 지원하려고 한다.

김초엽이 말하는 불안한 유토피아

독자들에게 가장 잘 알려진 한국의 SF 작가는 아마도 김초엽일 것이다. 포스텍 생화학과 출신으로 석사까지 마친 연구원이라 과학적 배경과 상식들이 작품 곳곳에 스며들어 있다. 김초엽의 두 번째 장편소설 《파견자들》의 전체적인 틀은 전작인 《지구 끝의 온실》과 비슷한데, 세계관이 한층 더 정교해졌다. 이 작품은 인류의 미래에 생겨날 어떤 직업에 대한 이야기이다.

미래의 지구는 우주에서 온 미지의 생물체인 범람체에 공격을 받는다. 범람체는 인간의 뇌에 침투하여 광증을 일으키는 물질로, 광증에 걸린 인간은 폭력적이고 파괴적인 성향을 보이게 된다. 이 범람체를 조사하고 제거하는 역할을 맡은 이들이 바로 파견자이다. 치열한 선발 시험을 거쳐 파견자로 선정된 이들이 업무를 시작하는 과정을 소설은 그리고 있다. 주인공 태린이는 파견자 선발 시험을 최우수 자격으로 통과한 뒤 범람체가 사는 지역으로 올라가 이들과 대화를 하게 되고, 공생을 꿈꾸게 된다.

이 소설에서 인류는 낯선 존재에 매료되는 동시에 증오를 느끼는 양가적 감정을 보인다. 김초엽 작가는 미생물로부터 범람체에 대한 아이디어를 얻었다고 한다. 뇌장축 이론에 따르면 인간이 느끼는 감정은 물론 의사 결정 구조에까지 장내 미생물이 영향을 미친다. 인간이 만나게 될 우주 생명체는 우리와 같은 고등 생물체뿐 아니라 우리 몸에 서식하는 박테리아나 바이러스 같은 미생물과 비슷한 존재일 수도 있다. 작가는 이 소설을 쓰기 위해《작은 것들이 만든 거대한 세계》,《이토록 굉장한 세계》,《내가 된다는 것》등의 철학서와 생물학 관련 서적을 탐독했다. 그리고 인간이라는 종을 뛰어넘는 지각, 감각, 인지에 대해서 소설로 풀어냈다.

전작《우리가 빛의 속도로 갈 수 없다면》에서부터 진지하게 다뤘던 인공지능은 이 소설에서도 아주 중요한 소재가 된다. 이 소설에서 인공지능은 '뉴로브릭'이라는 이름으로 등장한다. 뉴로브릭은 범람체의 위험에 대비하기 위해 개발된 것으로, 인간의 두뇌를 범람체로부터 보호하는 역할을 한다. 파견자들에게도 뉴로브릭은 필수적인 장비여서, 지상 세계로 출동하기 전에 뉴로브릭을 반드시 이식해야 한다.

이 책은 계속하여 질문을 던진다. 인간의 의식이란 무엇인가? 인간이 공생하고 공존할 수 있는 대상은 어디까지인가? 우리는 우리 아닌 다른 존재와 소통할 수 있을까? 낯선 존재와 만날 때 인간의 적대감을 극복할 수 있는 방법은 무엇인가? 여러 각도의 고민들이 대화와 독백, 섬세한 묘사 등 다양한 소설적 방법을 통해 드러난다.

김초엽 작가가 그리는 세상은 겉으로는 디스토피아지만 속으로는 유토피아다. 인류는 같은 종 및 다른 종과 끝없이 전쟁을 하지만, 상대에 대해 알고자 하는 자세와 호기심을 견지한다면 언젠가 전쟁을 종식시킬 수 있다는 희망의 메시지를 던진다. 상당히 교육적인 메시지라, 작가의 문장과 사색들은 고등학생들이 많이 읽고 대입에 활용하기도 한다.

SF 소설로 미래를 읽는다

SF 소설을 읽으면 미래의 우리가 어떤 일을 하며 살게 될지,

부자의 서재에는 반드시 인문학 책이 놓여 있다

어떤 직업이 부상할지를 자연스레 생각하게 된다. 인공지능, 빅데이터, 핀테크, 바이오, 로봇 공학 등 새로운 기술 및 산업과 관련된 분야는 현재 빠르게 성장하고 있으며, 새로운 시장과 기회를 창출하고 있다. 많은 투자자들은 이처럼 성장 잠재력이 높은 분야에 투자하고 참여함으로써 더 많은 부를 축적하고자 한다.

21세기의 닷컴 혁명과 우주여행을 1950~1960년대 SF 소설이 예언했듯이 현재의 SF 소설들은 수십 년 후에 부상할 직업에 대해 실마리를 던져준다. 실제로 세계적으로 유명한 CEO들은 SF 소설에서 미래 사회의 변화와 트렌드를 파악하고, 새로운 비즈니스 아이디어를 개발하며, 새로운 시장을 선점할 수 있는 기회를 얻고자 한다. 미래에 각광받게 될 직업은, 사회 문제를 해결하고 사람들의 삶을 개선하는 데 기여하는 경우가 많다.

SF 소설은 한편으로 '소통'이라는 측면에서도 의미가 있다. 밀레니얼 세대와 Z세대가 가장 많은 관심을 보이는 한국 젊은 SF 작가들의 소설을 통해 이들의 가치관과 문화를 이해하고, 세대를 뛰어넘는 소통의 창구를 열 수 있다. '젊은 독서'가 우리 모두에게 필요한 이유다.

연봉 1조 원의 사나이
김병주 회장이 소설을 쓴 이유

대한한국 최고 소득자, 소설가를 꿈꾸다

우리나라 최고 재벌은 삼성전자 이재용 회장이 맞지만, 최고 소득자는 따로 있다. 1년 소득만 놓고 보자면, 사모펀드 MBK 파트너스의 창업자이자 회장인 김병주 회장에게 대한민국 그 누구도 상대가 되지 않는다.

그는 재벌 출신은 아니지만, 재벌가의 사위이기는 하다. 그의 장인이 포항제철을 창립한 고 박태준 회장이다. 물론 그는 아내의 유산으로 부자가 된 것이 아니다. 그가 부자가 된 방법을 알려면 먼저 사모펀드라는 기업의 유형에 대해서 알아야 한다. 사모펀드는 소수의 투자자로부터 자금을 모아 비공개적으로 투자하는 펀드이다. 주로 미상장 기업, 벤처 기업, 부동산 등에 투자하며 높은 수익률을 목표로 한다. 주식, 채권, 선물, 옵션 등에 투자하는 공모펀드나 뮤추얼펀드와 달리 이들은 주로 비상장 기업을 상장시키거나 M&A를 통해 기업을 싸게 사들여 나중에 비싸게 파는 방법으로 큰돈을 번다. 사모펀드의 제왕인 김병주 회장이 굴리는 돈은 100조 원이 넘는 것으로 알려져 있으며, 운용 보수와 큰 이익이 발생할 때 받는 성과급을 합치면 1년에 억 단위를 넘어 조에 가까운 돈을 번다고 한다.

1963년생인 김병주 회장은 초등학교 때 미국으로 건너가 그곳에서 대학원까지 마쳤다. 그가 미국의 최고 명문대인 하버드대학 경영대학원 출신인 것은 잘 알려져 있다. 그런데 학부 과정은, 우리에게 다소 생소한 형태인 리버럴아츠 칼리지(인문학, 어학, 사회과학, 자연과학 등 교양 과목에 역점을 둔 학부 중심의 대학)를 선택했다. 하버포드 칼리지에서 영문학 학사 학위를 취득한 그의 꿈은 원래 사모펀드의 제왕이 아니라 소설가였다고 한다.

김병주 회장의 국내 비공개 자전 소설

실제로 김병주 회장은 한국에는 공개되지 않은 영문 소설 《Offerings(제물)》을 출간했다. 김병주 회장이 펀드매니저였던 30대 시절부터 25년간의 삶을 마치 일기를 쓰듯 녹여낸 자전적 소설이다. IMF, 외환위기, 미국 서브프라임모기지 사태 등 굵직굵직한 금융 이슈를 중심으로 이야기가 펼쳐지며, 이대준이라는 한국인 주인공이 미국에서 공부하고 일하며 겪는 문화적 차이와 차별 등도 잘 드러난다.

이 책은 사적 정보가 거의 노출되지 않은 김병주 회장의 삶을 엿볼 수 있다는 점에서 흥미로우며, 한편으로는 미국 월스트리트에서 성공 신화를 써낸 한국인으로 김병주 회장만의 비결이 담겨 있다는 점도 상당히 의미가 있다.

소설의 주인공 이대준은 실제 김병주 회장처럼 하버드 경영대학원을 나온 것으로 그려진다. 하버드 비즈니스스쿨 동기이자 한국 재벌가의 일원인 친구 박현석의 기업이 위기에 처했을 때 도움을 주는데, 그 과정에서 한국 재벌 기업의 민낯을 보게 된다. 투명하지 않은 거래 관행과 재벌 오너에 대한 무비판적 추종 등에 대해서 주인공은 강한 문제의식을 가진다. 한국의 외환위기가 재벌의 문어발식 확장을 보장해온 한국 경제의 고질적인 문제라는 사실, 한국 내부의 복잡한 노사 관계가 기업의 혁신을 가로막고 있다는 점도 깨우친다.

대학 졸업 후에도 문학의 끈을 놓지 않았던 김병주 회장의 소설을 통해 그의 중요한 신념을 간접적으로나마 짐작할 수 있다. 인간이 실수하는 근본적 이유는 관행이나 관습에 있으며 그럼에도 실수하는 동물로서 인간을 이해해야 한다는 것이다. 인간은 바뀌기 힘든 존재이지만, 자신의 습관 그리고 자신이 속한 사회의 문화를 함께 바꿔갈 수 있으며 그렇기에 인간은 변화할 수 있는 존재라는 믿음이 소설에서 강하게 드러난다.

그가 인문학이 아닌 경영학과 경제 등 숫자에만 함몰된 사고만 했다면 주기적으로 위기를 겪는 자본주의 사회에서 크게 휘둘리거나 침몰의 위기를 겪었을지도 모른다. 대한민국 최고의 부자 김병주 회장의 소설을 보며 그 인간미의 저변에 깔린 인문학적 소양의 힘을 느낄 수 있다.

부자의 서재에서 찾은
인문학 책들 ─────────────────

가즈오 이시구로(2021), 《남아 있는 나날》, 민음사.

강용수(2023), 《마흔에 읽는 쇼펜하우어》, 유노북스.

고호관 외(2022), 《이토록 아름다운 세상에서》, 현대문학.

공자(2018), 《논어》, 현대지성.

김병주(2020), 《Offerings》, Arcade.

김초엽(2023), 《파견자들》, 퍼블리온.

김학렬(2016), 《부자의 지도》, 베리북.

김학렬 외(2019), 《부자의 독서》, 리더스북.

김희교(2022), 《짱깨주의의 탄생》, 보리.

나관중(2020), 《삼국지》, 코너스톤.

니콜라 테슬라(2019), 《테슬라 자서전》, 양문.

단요(2022), 《인버스》, 마카롱.

더글러스 애덤스(2004~2005), 《은하수를 여행하는 히치하이커를 위한 안내서》, 책세상.

레비앙(2020), 《책으로 시작하는 부동산 공부》, 더스.

로라 베이츠(2014), 《감옥에서 만난 자유, 셰익스피어》, 덴스토리(DENSTORY).

로버트 쉴러(2021), 《내러티브 경제학》, 알에이치코리아(RHK).

박경리(2023), 《토지》 세트, 다산책방.

브라운스톤(2022), 《부의 인문학》, 오픈마인드.

브라운스톤(2023), 《인생투자》, 오픈마인드.

세이노(2023), 《세이노의 가르침》, 데이원.

시오노 나나미(2007), 《로마인 이야기》 세트, 한길사.

아리스토텔레스(2022), 《니코마코스 윤리학》, 현대지성.

아자 가트(2017), 《문명과 전쟁》, 교유서가.

앨프리드 맥코이(2019), 《대전환》, 사계절.

부자의 서재에는 반드시 인문학 책이 놓여 있다

야마구치 슈(2019),《철학은 어떻게 삶의 무기가 되는가》, 다산초당.

엘리자베스 콜버트(2022),《여섯 번째 대멸종》, 쌤앤파커스.

열정로즈(2024),《아는 만큼 당첨되는 청약의 기술》, 길벗.

오태민(2022),《비트코인, 지혜의 족보》, 케이디북스.

유발 하라리(2018),《21세기를 위한 21가지 제언》, 김영사.

유발 하라리(2015),《사피엔스》, 김영사.

유발 하라리(2017),《호모 데우스》, 김영사.

장류진(2021),《달까지 가자》, 창비.

정보라(2024),《지구 생물체는 항복하라》, 래빗홀.

제임스 캐럴(2014),《예루살렘 광기》, 동녘.

조정래(2020),《태백산맥》 세트, 해냄.

카를로 로벨리(2019),《시간은 흐르지 않는다》, 쌤앤파커스.

켄 리우 외(2022),《에스에프널 SFnal 2022》, 허블.

킴 스텐리 로빈슨(2007),《쌀과 소금의 시대》, 열림원.

폴 볼커, 교텐 토요오(2020),《달러의 부활》, 어바웃어북.

프리드리히 니체(2004),《차라투스트라는 이렇게 말했다》, 민음사.

피터 자이한(2023),《붕괴하는 세계와 인구학》, 김앤김북스.

한스 로슬링 외(2019),《팩트풀니스》, 김영사.

해퍼드 존 매킨더(2022),《심장지대》, 글항아리.

부자의 서재에는 반드시 인문학 책이 놓여 있다

초판 1쇄 발행 2024년 8월 5일

지은이 신진상
펴낸이 정덕식, 김재현
펴낸곳 (주)센시오

출판등록 2009년 10월 14일 제300-2009-126호
주소 서울특별시 마포구 성암로 189, 1701-1호
전화 02-734-0981
팩스 02-333-0081
전자우편 sensio@sensiobook.com

책임 편집 임성은
디자인 STUDIO BEAR
경영지원 임효순

ISBN 979-11-6657-158-9 03320